Le petit mercure

Suivi éditorial par Jean-Michel Décimo

Le goût de l'archéologie

Textes choisis et présentés
par Sandrine Fillipetti

Mercure de France

ISBN : 978-2-7152-6540-0

SOMMAIRE

STRATE 1 : PASSIONS ET COMBATS

STRATE 2 : L'ENVERS DU DÉCOR

INTRODUCTION

« L'archéologie a deux sens : celui que lui donne Platon dans *L'Hippias majeur*, la quête du passé, l'*archaiologia*, le discours sur les origines, par définition local, et un autre, issu du sens commun moderne, qui la définit comme une discipline universelle explorant les vestiges matériels du passé[1]. » Si le corpus des textes est considérable, la présente anthologie n'a pas vocation à être un guide ou une synthèse générale de l'archéologie. Elle ne cherche pas plus à renseigner son caractère interdisciplinaire et sa large gamme d'expertises, ses outils et ses spécialités, ses procédés de prospection et ses principes de classification, ses exigences méthodologiques et ses techniques d'exploration, ses théories, ses perspectives critiques et ses stratégies nouvelles, ses origines et ses enjeux, qu'à la replacer dans l'histoire des sciences humaines. Elle ne propose pas non plus un relevé exhaustif des fouilles, découvertes et restaurations majeures qui ont eu lieu à différentes époques et à travers le monde. Privilégiant les témoignages d'acteurs de terrain dévoués à leur recherche, délaissant les publications scientifiques certes passionnantes, mais destinées aux seules académies, ce *Goût de l'archéologie* rassemble des récits vivants, accessibles et incarnés qui

1. Alain Schnapp, in *La conquête du passé. Aux origines de l'archéologie*, Dominique Carré Éditeur, 2020.

traduisent le caractère exaltant, imprévisible, souvent inattendu de la discipline, ainsi que les émotions fortes qu'elle procure. Y trouvent également leur place les romans « archéophiliques » de plumes emblématiques inspirées par le mystère des civilisations perdues, le culte des reliques et les excavations aventureuses. Trois strates se distinguent (et parfois se confondent) : l'engagement des interprètes du passé et le sauvetage du patrimoine culturel de l'humanité (*Passions et combats*) ; les aléas et les vicissitudes du métier (*L'envers du décor*) ; la force de l'imagination et le pouvoir de suggestion émanant des lieux et des objets des temps anciens (*Délires et rêves*). L'orthographe des textes choisis n'a pas été modifiée.

Sandrine FILLIPETTI

STRATE 1 : PASSIONS ET COMBATS

ABBÉ DE COCHEREL

Trou normand

La relation, par l'abbé de Cocherel (16...-?), de la fouille d'Houlbec-Cocherel (vallée de l'Eure) du mois de juillet 1685 fut publiée par Pierre Le Brasseur (1680?-17...) dans la partie Actes et preuves *de son* Histoire civile et ecclésiastique du comté d'Evreux. *Ayant mis à jour une vingtaine de squelettes, des pierres taillées et des morceaux de corne, elle donna lieu à des observations scrupuleuses ainsi qu'à un procès-verbal. À ce titre, elle est considérée comme la première fouille scientifique, en France, d'un site préhistorique.*

Il est bien difficile de déterminer précisément l'origine & l'antiquité des anciens monumens qui se découvrent par hazard, lorsqu'il ne s'y rencontre ni inscriptions, ni bas-reliefs, ni sculptures, ni gravûres, ni médailles, ni ornemens qui puissent servir à la chronologie ; ou qu'on ne trouve rien de précis dans l'Histoire sur quoi on puisse appuyer ses conjectures.

C'est ce qui fait qu'on ne peut avoir que de très-foibles connoisssances du tombeau dont il s'agit, toutes ces choses qui pourroient donner quelques lumieres y manquant, ne s'y étant trouvé que quelques pierres extraordinaires pour leur nature & leur figure, qui avoient été mises sous les têtes de ces morts, ou pour conserver quelques marques de leur qualité, ou pour satisfaire aux usages établis parmi eux, ou par quelque ceremonie de leur Religion.

[...]

Au mois de Juillet de l'année 1685, le Roy ayant ordonné de faire plusieurs ouvrages sur la riviere d'Eure pour en rendre la navigation plus aisée, le Seigneur de la Paroisse de Cocherel eût ordre de faire faire un travail à la porte par laquelle passent les bateaux sur cette riviere, pour lequel il eut besoin d'avoir une quantité de trois à quatre cens pieds de pierre de taille, ce qui necessita ce Gentilhomme de rechercher sur la terre tout ce qui lui en pourroit fournir, ne pouvant avoir pour de l'argent aux carrieres voisines ce qui lui étoit necessaire, parce qu'on ne pouvoit trouver d'ouvriers pour y travailler, tous les tailleurs de pierre ayant esté obligez de se rendre à Maintenon, où se faisoient les plus considerables travaux.

Il se souvint d'avoir vû sur un coteau fort élevé, exposé au grand soleil du midi, & penchant vers la riviere, deux grandes pierres posées debout, ne sortant hors de terre que de la hauteur d'un pied ou environ, placées comme des bornes dont on se sert pour separer les heritages des particuliers. L'une de ces pierres avoit six pieds de hauteur, deux pieds & demi de largeur, & un pied & demi d'épaisseur. La seconde de trois pieds de large, de pareille épaisseur, & de six pieds de hauteur.

Ces deux pierres avoient esté decouvertes il y a quinze ans par trois hommes inconnus, dont jamais depuis on n'a eu aucune connoissance, lesquels vinrent en ce lieu un jour de feste dans le temps que tous les habitans étoient à l'Eglise : ils firent un trou d'environ trois pieds en quarré, & d'autant de profondeur ; ils tirerent les os de deux corps avec les têtes jusqu'à la moitié de l'épine du dos ; ils laisserent ces os sur le bord du trou sans le remplir, & sans avoir marqué qu'ils eussent aucun dessein de chercher ni à droit, ni à gauche, ni au dessus, ni au dessous ; ils s'en allerent laissant ces reliques sur le bord du trou, sans en temoigner aucune consideration.

Le Seigneur de ce fond en ayant esté averti quelques jours après se transporta sur le lieu, qu'il n'examina point. Voyant que ces chercheurs avoient eu si peu de veneration pour ces ossemens, il se persuada que ces trois étrangers pouvoient être des Anglois qui auroient eu quelque memoire de quelqu'un de leur nation qui auroit esté tué en la bataille de Cocherel, qui se donna proche de cet endroit en 1364, que ce memoire auroit fait mention qu'on auroit enterré quelque chose de précieux auprès de ces deux pierres de remarque, & qu'ayant trouvé & pris ce qui consideroient le plus, ils ne s'étoient pas souciez du reste ; & ainsi il crut qu'il seroit inutile de s'arrêter à une plus longue recherche dans ce temps-là, puisque ceux qui en devoient avoir plus de connoissance ne s'y étoient pas attachez plus longtemps. Mais se voulant servir de ces deux pierres pour faire son ouvrage, comme il a esté dit ci-devant, il fit découvrir & déraciner entierement ces deux grandes pierres ; on en trouve une sur la droite couchée sur le côté, longue, large & épaisse comme la plus grande des deux autres qui fermoit ce tombeau par le côté droit ; une autre au bout de quatre pieds en quarré, & d'un pied & demi d'épaisseur ; & une autre de cinq pieds & demi de longueur, trois pieds de large, & d'un pied d'épaisseur, qui estoient au dessous du reste des os que ces étrangers avoient laissez.

Relation & Dissertation touchant l'origine & l'antiquité
de quelques corps trouvez dans un ancien tombeau au village
de Cocherel, entre Evreux & Vernon en l'an 1685
in Pierre le Brasseur, *Histoire civile et ecclésiastique*
du comté d'Evreux, où l'on voit tout ce qui s'est passé
depuis la fondation de la Monarchie, tant par rapport
aux Rois de France qu'aux Anciens Ducs de Normandie
& aux Rois d'Angleterre
1722

LUCIEN BONAPARTE

Moissons vulciennes

Emprisonné après le 9 thermidor, successivement membre, puis président du Conseil des Cinq-Cents (1799), Lucien Bonaparte (1775-1840) participa activement à la préparation du coup d'État du 18 brumaire an VII. En désaccord profond avec son frère l'Empereur, il se retira en Italie – à partir de 1804 –, notamment à Canino, où il possédait terres et château, et que le pape Pie VII érigea en principauté en sa faveur. Au sein de ses quelque huit mille hectares, la propriété englobait la nécropole orientale de l'antique Vulci, que Lucien et sa seconde épouse Alexandrine de Bleschamp (1778-1855) entreprirent de fouiller pour leur compte. Si le diplomate anglais George Dennis (1814-1898) critiqua leur esprit mercantile et la dispersion des œuvres dans The Cities and Cemeteries of Etruria *(1848), il n'en reste pas moins que le couple princier conduisit les excavations avec méthode et participa à la propagation de la mode étrusque, en vogue depuis la fin du* XVIII*e siècle.*

Au commencement de l'année 1828 dans un champ appelé CAVALUPO, une grotte s'éboula sous les pieds des bœufs qui traînaient la charrue ; on trouva dans cette grotte deux vases étrusques brisés ; j'étais absent de mes terres depuis plus d'un an : deux agents infidèles s'approprièrent les vases et travaillèrent plusieurs mois en silence à en trouver d'autres dans tout le territoire de

Canino. Ils vendirent furtivement le tout à M. Dorow qui se rendit lui-même plusieurs fois à Canino croyant sans doute que les propriétaires étaient informés de ses opérations. Plusieurs caisses d'objets étrusques passèrent ainsi mystérieusement dans les mains de M. Dorow qui depuis a légitimé ses acquisitions ; et l'on doit espérer de ses talents et de sa bonne foi qu'il voudra bien informer le public du nombre et de la nature des objets acquis dans nos terres et dans les environs afin d'empêcher que des spéculateurs ne donnent comme venant de Grèce les vases étrusques trouvés dans nos maremmes.

Quelque tems après l'acquisition de M. Dorow le gouvernement et les propriétaires en furent informés ; les agents infidèles furent châtiés, et au mois d'octobre 1828 la Princesse de Canino se rendit dans ses terres et fit ouvrir les fouilles devant elle sur les bords de la Fiora, dans un champ nommé la DOGANELLA attenant au pont de l'Abbaye. Les premiers essais ne produisirent que peu de vases, mais la qualité de plusieurs fragments suffit pour déterminer la Princesse à continuer les travaux avec une constance à laquelle on doit toutes nos découvertes ; elle choisit pour centre de ses recherches une colline dite CUCUMELLA, et s'étant assurée que cette colline était artificielle, elle fit tracer autour de sa base la limite d'une nouvelle fouille plus régulière et plus étendue ; le résultat surpassa son attente. Je me trouvais alors sur le point d'achever l'exploration astronomique de la Zone Zénithale de Senigallia, et il me fut impossible d'abandonner mon observatoire ; mais au mois de décembre je me rendis à Canino où je trouvais une collection nombreuse d'antiquités ; surpris de la beauté de plusieurs vases j'augmentai successivement jusqu'à cent le nombre des ouvriers ; ce n'est qu'à cette époque que l'on commença le catalogue général des fouilles où tous les objets sont enregistrés soigneusement avec la date de leur découverte et l'ipogée d'où ils sont sortis : en quatre mois de fouilles toujours au pied de la colline CUCUMELLA, et dans l'espace de trois ou quatre arpents de terre nous avons recueilli plus de deux mille objets et entr'autres le vase n. 1887 du catalogue qui porte l'inscription VITHLON, et qui confirme l'idée que beaucoup d'autres circonstances nous avaient inspirée sur la position de l'antique Vitulonia dans nos maremmes [...].

Muséum étrusque de Lucien Bonaparte,
prince de Canino
1829

HONORÉ DE BALZAC

Ces petites bêtises-là

Regroupé avec La cousine Bette *dans* Les parents pauvres, *publié en feuilleton dans* le Constitutionnel *(mars-mai 1847), puis en volume en 1847,* Le cousin Pons *appartient à la série des* Scènes de la vie parisienne *de* La Comédie humaine. *Collectionneur non monolithique, méprisé pour sa « passion pour le bric-à-brac », le héros d'Honoré de Balzac (1799-1850) devient l'objet de toutes les convoitises lorsque son entourage apprend la valeur marchande de sa collection. À mi-chemin entre document et fiction, ce tableau de mœurs privé d'espoir interroge l'identité du collectionneur, le goût de la possession et la notion de transmission.*

Si pendant un mois le président se contenta des raisons banales que lui donna la présidente, relativement à la disparition de Pons, il finit par trouver singulier que le vieux musicien, un ami de quarante ans, ne vînt plus, précisément après avoir fait un présent aussi considérable que l'éventail de madame de Pompadour. Cet éventail, reconnu par le comte Popinot pour un chef-d'œuvre, valut à la présidente, et aux Tuileries, où l'on se passa ce bijou de main en main, des compliments qui flattèrent excessivement son amour-propre ; on lui détailla les beautés des dix branches en ivoire dont chacune offrait des sculptures d'une finesse inouïe. Une dame russe (les Russes se croient toujours en Russie) offrit, chez le comte Popinot, six mille francs à la présidente de cet éventail extraordinaire, en souriant de le voir en de telles mains, car c'était, il faut l'avouer, un éventail de duchesse.

— On ne peut pas refuser à ce pauvre cousin, dit Cécile à son père le lendemain de cette offre, de se bien connaître à ces petites bêtises-là…

— Des petites bêtises ! s'écria le président. Mais l'État va payer trois cent mille francs la collection de feu monsieur le conseiller Dusommerard, et dépenser, avec la ville de Paris par moitié, près d'un million en achetant et réparant l'hôtel de Cluny pour loger ces petites bêtises-là. Ces petites bêtises-là, ma chère enfant, sont souvent les seuls témoignages qui nous restent de civilisations disparues. Un pot étrusque, un collier, qui valent quelquefois, l'un quarante, l'autre cinquante mille francs, sont des petites bêtises qui nous révèlent la perfection des arts au temps du siège de Troie, en nous démontrant que les Étrusques étaient des Troyens réfugiés en Italie.

Tel était le genre de plaisanterie du gros petit président, il procédait avec sa femme et sa fille par de lourdes ironies.

— La réunion des connaissances qu'exigent ces petites bêtises, Cécile, reprit-il, est une science qui s'appelle l'archéologie. L'archéologie comprend l'architecture, la sculpture, la peinture, l'orfèvrerie, la céramique, l'ébénisterie, art tout moderne, les dentelles, les tapisseries, enfin toutes les créations du travail humain.

— Le cousin Pons est donc un savant ? dit Cécile.

Le cousin Pons
1847

VICTOR HUGO

La bataille des arènes

En 1832, dans « Guerre aux démolisseurs » – paru dans la Revue des Deux Mondes *–, Victor Hugo (1802-1885) exprima le souci de la protection des monuments historiques, sans traduire d'inquiétude archéologique particulière : « C'est plus ou c'est moins, c'est peu ou c'est beaucoup, c'est petit ou c'est grand, mais c'est toujours et partout du vandalisme. La liste des démolitions est inépuisable ; elle a été commencée par nous et par d'autres écrivains qui ont plus d'importance que nous. Il serait facile de la grossir il serait impossible de la clore. On vient de voir une prouesse de conseil municipal. Ailleurs, c'est un maire qui déplace un peulven pour marquer la limite du champ communal ; c'est un évêque qui ratisse et badigeonne sa cathédrale ; c'est un préfet qui jette bas une abbaye du* XIV*e siècle pour démasquer les fenêtres de son salon ; c'est un artilleur qui rase un cloître de 1460 pour rallonger un polygone ; c'est un adjoint qui fait du sarcophage de Théodeberthe une auge aux pourceaux. » En 1883, en revanche, il se porta en première ligne, aux côtés de l'historien Victor Duruy (1811-1894), pour la préservation des arènes de Lutèce, menacées de destruction totale au profit d'un dépôt de la Compagnie des omnibus. La mobilisation ne fut pas vaine : les arènes furent classées monument historique l'année suivante (arrêté du 31 mars 1884).*

Monsieur le Président du conseil municipal,

Il n'est pas possible que Paris, la ville de l'avenir, renonce à la preuve vivante qu'elle a été la ville du passé. Le passé amène l'avenir.

Les Arènes sont l'antique marque de la grande ville. Elles sont un monument unique. Le conseil municipal qui les détruirait se détruirait en quelque sorte lui-même.

Conservez les Arènes de Lutèce. Conservez-les à tout prix. Vous ferez une action utile, et, ce qui vaut mieux, vous donnerez un grand exemple.

VICTOR HUGO.

27 juillet 1883.

Œuvres complètes de Victor Hugo.
Actes et paroles IV. Depuis l'exil
1876-1885

JAMES MILN

Tous les menhirs mènent à Rome

Membre de la Scottish Society of Antiquaries, l'Écossais James Miln (1819-1881) réalisa de nombreuses fouilles à Carnac à partir de 1873, usant de ses compétences de dessinateur, d'aquarelliste et de photographe pour dresser le relevé de ses découvertes. Commencées au mois d'octobre 1877, les fouilles des alignements de Kermario se terminèrent en avril 1878. « Si elles ne se sont faites que parmi une portion de ces alignements, c'est qu'on nous avait refusé l'autorisation de les continuer au-delà de ce village. » Sa collection considérable, étoffée au fil des années et léguée à la municipalité de Carnac, fut à l'origine du musée qui ouvrit ses portes en 1882.

Pendant l'automne de 1877, en nous promenant, un jour, le long des alignements de Kermario, notre attention fut attirée par la couleur rouge d'un petit objet au fond d'un des nombreux trous pratiqués récemment par les paysans pour se procurer de la tourbe destinée à recouvrir le sommet d'un mur voisin. Pris entre nos mains, cet objet, à peu près de la grosseur d'une noix, nous parut être un fragment de brique romaine fraîchement coupée par la bêche. En cherchant parmi la tourbe placée sur le haut du mur, on trouva l'autre partie. La réunion de ces deux fragments démontra, à notre grande surprise, qu'ils provenaient d'une même brique. Or, une brique romaine parmi les alignements paraissait bien peu à sa place. Comment se trouvait-elle là et enfouie à quelques pouces au-dessous de la surface du sol ? L'étonnement attribué à Robinson Crusoë, en voyant l'empreinte d'un pied humain sur le sable, ne pouvait être plus grand que le nôtre. Mais la réflexion nous conduisit bientôt à supposer que les paysans pouvaient bien, après tout, avoir quelques motifs de donner aux alignements le nom de *Camp-de-César*.

Nous nous mîmes donc à rechercher d'autres indices qui ne tardèrent point à se présenter. Un peu plus loin, en effet, et le long du mur, on trouva de nouveaux fragments de brique, et, en examinant le mur lui-même avec soin, nous remarquâmes que de nombreuses petites pierres cubiques, dont se servaient les Romains, avaient été employées dans sa construction. [...] Quelques ouvriers envoyés, le lendemain, pour faire une tranchée à travers l'allée entre le quatrième et le cinquième alignement, trouvèrent plusieurs fragments de poterie romaine et celtique. En dessinant cette partie des alignements, [...] nous étions loin de penser qu'à environ trente pieds du point où nous nous trouvions alors, nous ferions un jour cette tranchée qui devait nous fournir des traces de l'occupation romaine.

Joints à d'autres fournis par les ondulations du terrain, tous ces indices nous invitaient fortement à entreprendre une série de fouilles parmi ces alignements. Mais, avant de nous décider, nous hésitâmes en considérant que, depuis des siècles, ces alignements avaient attiré l'attention de savants de toutes les parties de l'Europe, qu'ils avaient déjà été décrits par tant d'archéologues, et enfin que, récemment encore, ils étaient l'objet des études d'une commission spéciale nommée par le Gouvernement français. De toutes ces considérations, il semblait résulter, non seulement que nos fouilles ne produiraient aucun résultat, mais encore que toute description faite par nous, après des hommes si distingués, serait inévitablement considérée comme superflue. La tentation l'emportant néanmoins sur nos scrupules, nous demandâmes aux propriétaires l'autorisation de pratiquer des fouilles parmi leurs alignements. On nous l'accorda volontiers; mais il ne fut pas tout à fait aussi facile de s'arranger avec les fermiers. Ceux-ci nous répondaient : « Nous sommes toujours très contents de vous voir; mais nous n'aimons pas à laisser les étrangers parcourir nos champs, piétiner l'herbe et effrayer nos animaux; les opérations que vous vous proposez attireront certainement une multitude toujours croissante de visiteurs (car vous découvrez constamment des antiquités partout où vous fouillez), et nous trouvons ces touristes déjà trop nombreux. » Ils eurent la bonté de nous autoriser cependant, mais à la condition que nous comblerions au fur et à mesure toutes les tranchées et toutes les ouvertures faites par nos ouvriers. Cette condition fut acceptée avec joie et soigneusement remplie. Plus tard, commençant à s'intéresser à nos explorations, ces fermiers nous permirent de laisser, dans l'état où les mettraient nos fouilles, les constructions que nous aurions pu découvrir autour de quelques-uns des menhirs [...].

Fouilles faites à Carnac (Bretagne).
Les alignements de Kermario
1881

GUSTAVE FLAUBERT

La chasse aux fossiles

Roman philosophique inachevé de Gustave Flaubert (1821-1880), « encyclopédie critique en farce » publiée à titre posthume dont l'action se situe entre 1840 et 1850, Bouvard et Pécuchet *s'attache aux expériences successives – parodiques et toujours malencontreuses – de deux copistes d'extraction sociale et de culture modeste, liés d'amitié et retirés à la campagne. Quand ces derniers décident de se constituer archéologues, la tentative donne lieu à un ramassis de curiosités incohérent, à des expéditions fastidieuses et des excursions paléontologiques périlleuses.*

Ils furent stupéfaits d'apprendre qu'il existait sur des pierres des empreintes de libellules, de pattes d'oiseaux ; et, ayant feuilleté un des manuels Roret, ils cherchèrent des fossiles.

Une après-midi, comme ils retournaient des silex au milieu de la grande route, M. le curé passa, et, les abordant d'une voix pateline :

« Ces messieurs s'occupent de géologie ? Fort bien ! »

Car il estimait cette science. Elle confirme l'autorité des Écritures en prouvant le déluge.

Bouvard parla des coprolithes, lesquels sont des excréments de bêtes, pétrifiés.

L'abbé Jeufroy parut surpris du fait ; après tout,

s'il avait lieu, c'était une raison de plus d'admirer la Providence.

Pécuchet avoua que leurs enquêtes jusqu'alors n'avaient pas été fructueuses ; et cependant les environs de Falaise, comme tous les terrains jurassiques, devaient abonder en débris d'animaux.

« J'ai entendu dire, » répliqua l'abbé Jeufroy, « qu'autrefois on avait trouvé à Villers la mâchoire d'un éléphant. » Du reste, un de ses amis, M. Larsoneur, avocat, membre du barreau de Lisieux et archéologue, leur fournirait peut-être des renseignements ! Il avait fait une histoire de Port-en-Bessin où était notée la découverte d'un crocodile.

Bouvard et Pécuchet échangèrent un coup d'œil ; le même espoir leur était venu ; et malgré la chaleur, ils restèrent debout pendant longtemps, à interroger l'ecclésiastique, qui s'abritait sous un parapluie de coton bleu. Il avait le bas du visage un peu lourd, avec le nez pointu, souriait continuellement, ou penchait la tête en fermant les paupières.

La cloche de l'église tinta l'angelus.

« Bien le bonsoir, messieurs ! Vous permettez, n'est-ce pas ? »

Recommandés par lui, ils attendirent durant trois semaines la réponse de Larsoneur. Enfin elle arriva.

L'homme de Villers qui avait déterré la dent de mastodonte s'appelait Louis Bloche ; les détails manquaient. Quant à son histoire, elle occupait un des volumes de l'Académie Lexovienne, et il ne prêtait point son exemplaire, dans la peur de dépareiller la collection. Pour ce qui était de l'alligator, on l'avait découvert au mois de novembre 1825, sous la falaise des Hachettes, à

Sainte-Honorine, près de Port-en-Bessin, arrondissement de Bayeux. Suivaient des compliments.

L'obscurité enveloppant le mastodonte irrita le désir de Pécuchet. Il aurait voulu se rendre tout de suite à Villers.

Bouvard objecta que, pour s'épargner un déplacement peut-être inutile, et à coup sûr dispendieux, il convenait de prendre des informations, – et ils écrivirent au maire de l'endroit une lettre, où ils lui demandaient ce qu'était devenu un certain Louis Bloche. Dans l'hypothèse de sa mort, ses descendants ou collatéraux pouvaient-ils les instruire sur sa précieuse découverte ? Quand il la fit, à quelle place de la commune gisait ce document des âges primitifs ? Avait-on des chances d'en trouver d'analogues ? Quel était, par jour, le prix d'un homme et d'une charrette ?

Et ils eurent beau s'adresser à l'adjoint, puis au premier conseiller municipal, ils ne reçurent de Villers aucune nouvelle. Sans doute les habitants étaient jaloux de leurs fossiles ? À moins qu'ils ne les vendissent aux Anglais. Le voyage des Hachettes fut résolu.

[...]

Ils titubaient sur des herbes gluantes, ou bien ils avaient à sauter des trous. Bouvard s'assit près du rivage, et contempla les vagues, ne pensant à rien, fasciné, inerte. Pécuchet le ramena vers la côte pour lui faire voir un ammonite incrusté dans la roche, comme un diamant dans sa gangue. Leurs ongles s'y brisèrent, il aurait fallu des instruments, la nuit venait d'ailleurs. Le ciel était empourpré à l'occident et toute la place couverte d'une ombre. Au milieu des varechs presque noirs, les flaques d'eau s'élargissaient. La mer montait vers eux ; il était temps de rentrer.

Le lendemain à l'aube, avec une pioche et un pic, ils attaquèrent leur fossile dont l'enveloppe éclata. [...]

Puis ils rencontrèrent des éponges, des térébratules, des orques, et pas de crocodile ! A son défaut, ils espéraient une vertèbre d'hippopotame ou d'ichthyosaure, n'importe quel ossement contemporain du déluge, quand ils distinguèrent à hauteur d'homme, contre la falaise, des contours qui figuraient le galbe d'un poisson gigantesque.

Ils délibérèrent sur les moyens de l'obtenir.

Bouvard le dégagerait par le haut, tandis que Pécuchet, en dessous, démolirait la roche pour le faire descendre doucement, sans l'abîmer.

Comme ils reprenaient haleine, ils virent au-dessus de leur tête, dans la campagne, un douanier en manteau, qui gesticulait d'un air de commandement.

« Eh bien ! quoi ! fiche-nous la paix ! » Et ils continuèrent leur besogne ; Bouvard sur la pointe des orteils, tapant avec sa pioche ; Pécuchet, les reins pliés creusant avec son pic.

Mais le douanier reparut plus bas, dans un vallon, en multipliant les signaux : ils s'en moquaient bien ! Un corps ovale se bombait sous la terre amincie, et penchait, et allait glisser.

Un autre individu, avec un sabre, se montra tout à coup.

« Vos passeports ? »

C'était le garde champêtre en tournée, et au même moment survint l'homme de la douane, accouru par une ravine.

« Empoignez-les père Morin ! ou la falaise va s'écrouler !

— C'est dans un but scientifique, » répondit Pécuchet.

Alors une masse tomba, en les frôlant de si près, tous les quatre, qu'un peu plus ils étaient morts.

Quand la poussière fut dissipée, ils reconnurent un mât de navire qui s'émietta sous la botte du douanier.

Bouvard et Pécuchet
1881

HEINRICH SCHLIEMANN

Naissance d'une obsession

*Archéologue autodidacte allemand, Heinrich Schliemann (1822-1890) excava les sites des anciennes villes de Troie et Mycènes – les fouilles furent financées par ses soins – en usant de l'*Iliade *comme d'un véritable guide topographique, arrachant les héros d'Homère à la mythologie pour les faire entrer dans l'Histoire. S'il forgea sa propre légende et son personnage d'explorateur dans ses auto-hagiographies successives, ses découvertes n'en constituent pas moins une page prépondérante de l'histoire de l'archéologie.*

Quoique mon père ne fût ni savant ni archéologue, il aimait passionnément l'histoire ancienne ; il me racontait souvent, avec l'enthousiasme le plus communicatif, le sort tragique d'Herculanum et de Pompéi, et trouvait bien heureux les gens assez riches et assez libres de leur temps pour aller visiter les fouilles qui mettent au jour ces deux villes. Il me racontait aussi avec la plus vive admiration les exploits du héros d'Homère, et les événements de la guerre de Troie ; pour moi, j'étais le défenseur obstiné de la cause des Troyens, et je l'entendais avec chagrin m'affirmer que Troie avait été complètement détruite et qu'il n'en restait plus aucune trace. Qu'on imagine donc ma joie, lorsque recevant en 1829 pour cadeau de Noël une *Histoire universelle* de Ludwig Jerrer, je vis une gravure qui représentait l'incendie de la ville de Troie, ses murs énormes et la porte Scée, par où fuyait Énée portant son père Anchise sur ses épaules et tenant Ascagne par la main. Je m'écriai : « Père, vous vous trompez. Jerrer a vu Troie ; autrement il ne pourrait pas la représenter ici. — Mon fils, répliqua-t-il, ce n'est qu'une image de fantaisie. » Je lui demandai si les murs de l'ancienne Troie étaient aussi gigantesques que l'image les représentait, et, à sa réponse affirmative, je répliquai : « Père, si de tels murs ont jamais existé, il est impossible qu'ils aient été complètement détruits ; ils ont dû laisser de grandes ruines et elles doivent subsister encore ; mais elles sont recouvertes par la poussière des siècles. » Il me soutint le contraire, je maintins mon opinion, et enfin nous décidâmes qu'un jour j'irais à Troie, et que je tâcherais d'en retrouver les restes.

Ilios, ville et pays des Troyens.
Résultat des fouilles sur l'emplacement de Troie
et des explorations faites
en Troade de 1871 à 1882...
1885

LOUIS FRANÇOIS DE PAUW

La mine, le plâtre et les Iguanodons

Le 12 avril 1878, l'ingénieur principal des mines du Hainaut envoya la dépêche suivante au Musée royal d'Histoire naturelle de Belgique : « Découverte importante ossements dans faille charbonnage Bernissart. Se décomposent par pyrite. Envoyez De Pauw demain pour arriver station Mons huit heures matin. Y serai. Urgent. » Alors contrôleur des ateliers au musée, Louis François De Pauw (1844-1918) constata l'existence d'un gisement fossile d'une extrême richesse – « plus de deux mille spécimens de poissons, des batraciens, tortues, insectes, voire même plusieurs larves d'insectes, ainsi que des plantes et des fruits, ont été trouvés au terril en déblayant les terres feuilletées qui entouraient les ossements » – et participa aux travaux d'extraction, éclaircissant quelques points relatifs à la trouvaille et à la restauration des Iguanodons dans Notes sur les fouilles du charbonnage de Bernissart. *Les squelettes, dont le montage commença en 1882, constituent le joyau du musée de l'Institut des Sciences naturelles.*

Aussitôt que dans un banc de terrain apparaissait un ossement, on mettait à nu la partie visible et on l'entourait d'une gangue de plâtre d'environ 5 centimètres, pour empêcher la pénétration de l'air et la désagrégation ; puis on pratiquait une galerie dans la couche immédiatement supérieure à celle renfermant le fossile, et, armés de la pioche et avec des précautions infinies, les mineurs se rapprochaient insensiblement de l'ossement découvert.

Celui-ci étant déterminé, un crâne, par exemple, avec son atlas et l'axis, on l'isolait latéralement par deux rigoles incisées dans le banc qui le contenait et s'étendant jusqu'à la base du banc inférieur. Toute la partie libre de l'os était alors enduite d'une couche de 5 à 10 cent. de plâtre et on le soutenait au moyen de cales en bois de 20 à 30 centimètres de longueur, de façon à pouvoir dégager sa partie inférieure, laquelle, à son tour, était recouverte de plâtre.

Ensuite, on entourait de cercles de fer le bloc ainsi préparé et on y ajoutait une seconde couche de plâtre, d'une épaisseur de 10 à 15 centimètres, d'après le volume du bloc. Cette opération achevée, il ne restait qu'à enlever les supports pour que le bloc se détachât tout naturellement de la paroi et aussitôt, il était marqué d'une lettre alphabétique et prêt à être expédié.

Le plâtre servait donc, à la fois de moyen de conservation et d'emballage.

*
* *

Il paraît utile de dire qu'avant l'application du plâtre, il est bon de recouvrir l'os d'un papier double et mouillé, afin de prévenir l'adhésion du plâtre. Dans le même but on peut, au lieu de papier mouillé, employer de la terre glaise très liquide, que l'on étend sur l'os avec un pinceau.

Chose remarquable, il nous suffisait de rencontrer un ossement pour être persuadés que nous allions trouver un animal entier, dans ses connexions anatomiques.

Il nous est d'ailleurs arrivé de voir une telle quantité d'ossements, sous la pioche du mineur, qu'il était impossible de dire si l'on avait à faire à un ou deux spécimens d'Iguanodons, de sorte que nous prenions parfois un bloc de grandes dimensions, tant nous craignions de sectionner les ossements.

Il est vrai, que ces grands blocs donnaient lieu à quelques inconvénients, dont le principal était l'impossibilité de les monter au jour par la cage. Lorsque ce cas se produisait, on avait recours à un expédient : on plaçait le bloc dans la capote de cuir servant à la descente et à la remonte des chevaux, ou bien on le chargeait sur une berline. Quelques-uns de ces blocs pesaient jusqu'à 1,200 kilos.

L'extraction de 25 squelettes d'Iguanodons dura 3 ans.

*

* *

Les blocs d'ossements, au nombre d'environ 600, furent transportés à Bruxelles, en tapissière et par chargement de 3,000 kilos et plus.

Trente-sept transports suffirent à l'expédition de ces blocs, dont le poids total dépassait 130,000 kilos, comprenant 35,000 kilos de plâtre et plus de 2,000 kilos d'armature en fer.

Notes sur les fouilles du charbonnage
de Bernissart
1902

PIERRE LOTI

La perle engloutie

Constituant un ensemble architectural d'une richesse unique où se mêlent les styles pharaonique et gréco-romain – temples égyptiens, ville romaine et sanctuaires chrétiens –, le site de Philae fut partiellement englouti en 1902 avec la création du premier barrage d'Assouan, ne retrouvant sa physionomie initiale qu'en période de décrue. Quelques années plus tard, particulièrement impressionné par la magnificence du temple d'Isis, Pierre Loti (1850-1923) ne masqua ni son inquiétude, ni sa colère devant la détérioration de monuments aussi inestimables. Philae fut définitivement préservée des flots à l'occasion de la campagne de sauvetage des temples de Nubie initiée par Christiane Desroches Noblecourt : les édifices de construction pharaonique furent démontés et remontés sur l'île d'Aguilkya, laquelle fut élargie, nivelée et ses contours, sculptés pour reproduire ceux de Philae – Desroches Noblecourt veilla à la conformité de la reconstitution. L'inauguration de Philae sur son nouveau site eut lieu le 10 mars 1980.

L'embarcadère pour Philæ. Quantité de barques sont là prêtes, car les touristes, alléchés par maintes réclames, affluent maintenant chaque hiver en dociles troupeaux. Toutes, sans en excepter une, agrémentées à profusion de petits drapeaux anglais, comme pour quelque régate sur la Tamise ; il faut donc subir ces pavois de fête foraine, –

et nous partons avec une nostalgique chanson de Nubie que les bateliers entonnent à la cadence des rames.

On y voit encore, tant ce ciel de cuivre reste imprégné de froide lumière. Nous sommes dans un grand décor tragique, sur un lac environné d'une sorte d'amphithéâtre terrible que dessinent de tous côtés les montagnes du désert.

C'était au fond de cet immense cirque de granit que le Nil serpentait jadis, formant des îlots frais, où l'éternelle verdure des palmiers contrastait avec ces hautes désolations érigées alentour comme une muraille. Aujourd'hui, à cause du « barrage » établi par les Anglais, l'eau a monté, monté, ainsi qu'une marée qui ne redescendrait plus ; ce lac, presque une petite mer, remplace les méandres du fleuve et achève d'engloutir les îlots sacrés. Le sanctuaire d'Isis, – qui trônait là depuis des millénaires au sommet d'une colline chargée de temples, de colonnades et de statues – émerge encore à demi, seul et bientôt noyé lui-même ; c'est lui qui apparaît là-bas, pareil à un grand écueil, à cette heure où la nuit commence de confondre toutes choses.

[...]

Le temple. Nous sommes arrivés. Au-dessus de nos têtes se dressent les énormes pylônes, ornés de personnages en bas-relief : une Isis géante qui tend le bras comme pour nous faire signe, et d'autres divinités au geste de mystère. La porte, qui s'ouvre dans l'épaisseur de ces murailles, est basse, d'ailleurs à demi noyée, et donne sur des profondeurs déjà très en pénombre. Nous entrons à l'aviron dans le sanctuaire. Et, dès que notre barque a passé au-dessus du seuil sacré, les bateliers interrompant leur chanson, poussent en surprise le cri nouveau qu'on leur a appris à l'usage des touristes : *Hip! hip! hip! hurrah!...* Oh! l'effet de profanation grossière et imbécile que cause ce hurlement de la joie anglaise, à l'instant où nous pénétrions là, le cœur serré par tant de vandalisme utilitaire!... Ils comprennent d'ailleurs qu'ils ont été déplacés et ne recommenceront pas; peut-être même, au fond de leur âme nubienne, nous savent-ils gré de leur avoir imposé silence. Il fait plus sombre là dedans bien que ce soit à ciel ouvert, et le vent glacé siffle plus lugubrement qu'au-dehors; on est transi par une humidité pénétrante, – humidité d'importation, bien inconnue dans ce pays avant qu'on l'eût inondé. Nous sommes dans la partie du temple non couverte, celle où venaient s'agenouiller les fidèles. La sonorité des granits alentour exagère le bruit des avirons sur cette eau enclose, – et c'est si déroutant de ramer et de flotter entre ces deux murs où jadis pendant des siècles les hommes se sont prosternés le front contre les dalles!...

L'obscurité décidément nous envahit, l'heure est trop tardive; il faut pousser la barque à toucher les murailles pour distinguer encore les hiéroglyphes et les dieux rigides, qui y sont gravés finement comme au burin. Tout cela, miné depuis quatre ans bientôt par l'inondation, a déjà pris à la base cette triste teinte noirâtre que l'on voit aux vieux palais vénitiens.

Halte et silence; il fait sombre, il fait froid; les avirons ne remuant plus, on n'entend que la plainte du vent et le clapotis de l'eau sur les colonnes, sur les bas-reliefs, – et puis tout à coup le bruit d'une chute pesante, suivie de remous sans fin : quelque grande pierre sculptée qui vient de plonger à son heure, pour rejoindre dans le chaos noir d'en dessous celles déjà disparues, et les temples déjà engloutis, et les vieilles églises coptes, et la ville des premiers siècles chrétiens, – tout ce qui fut jadis l'île de Philæ, la « perle de l'Égypte », l'une des merveilles du monde.

La mort de Philae
1908

HOWARD CARTER

« Le plus beau jour de ma vie »

De la longue – et quelquefois turbulente – carrière de l'archéologue et égyptologue britannique Howard Carter (1874-1939), l'histoire retiendra surtout l'extraordinaire découverte de la tombe de Toutânkhamon et de ses quelque cinq mille objets – y compris le sarcophage et la momie du pharaon – dans des conditions de préservation exceptionnelles. Le riche collectionneur anglais George Edward Stanhope Molyneux Herbert, cinquième comte de Carnarvon (1866-1923) n'y fut pas étranger, à qui Gaston Maspero (1846-1816) accorda une concession de fouilles et qui engagea Carter comme chef de chantier, subventionnant l'intégralité des travaux. Le 4 novembre 1922, après des années de fouilles infructueuses, Carter mit à jour la tombe de Toutânkhamon. Il attendit l'arrivée de Lord Carnavon, alors en Angleterre, pour procéder à son ouverture.

Le 26 novembre devait être le plus beau jour de ma vie. Pendant toute la matinée, le travail de déblayage se poursuivit, lentement, en raison des objets délicats qui se trouvaient mêlés aux débris. Puis, au milieu de l'après-midi, à dix mètres de la première porte, on en mit à jour une seconde, scellée elle aussi, réplique presque parfaite de la première. Les sceaux, moins nets, étaient pourtant reconnaissables. C'étaient ceux de Toutankhamon et de la nécropole royale. Là encore, des marques sur le plâtre indiquaient que la porte avait été ouverte. Nous étions alors fermement convaincus que c'était bien une cachette que nous étions sur le point d'ouvrir. La disposition de l'escalier, du couloir et des portes rappelait celle où Davis avait trouvé le matériel d'Akhénaton et de Tiyi, non loin de nos propres fouilles. Le fait que les sceaux de Toutankhamon apparaissent ici encore confirmait nos hypothèses. Nous allions bientôt en avoir le cœur net.

Lentement, désespérément lentement, le reste des gravats qui encombraient la partie inférieure de la porte fut déblayé. L'instant décisif était arrivé. Les mains tremblantes, je pratiquai une petite ouverture dans le coin supérieur gauche. J'y introduisis une tige de fer qui ne rencontra que le vide. Puis je plaçai une bougie devant l'ouverture, pour m'assurer qu'il n'y avait pas d'émanations dangereuses, élargis le trou – et regardai. Anxieux, lord Carnavon, lady Evelyn et Callender se tenaient près de moi.

D'abord, je ne vis rien; l'air chaud qui s'échappait de la chambre faisait clignoter la flamme de la bougie. Puis, à mesure que mes yeux s'accoutumaient à l'obscurité, des formes se dessinèrent lentement : d'étranges animaux, des statues, et, partout le scintillement de l'or. Pendant quelques secondes – qui durent sembler une éternité à mes compagnons – je restai muet de stupeur. Et, lorsque lord Carnavon demanda enfin : « Vous voyez quelque chose ? », je ne pus que répondre : « Oui, des merveilles ! ». Alors, j'élargis encore l'ouverture pour que nous puissions voir tous les deux.

Tous les fouilleurs connaissent ce sentiment de respect – presque de gêne – qu'on éprouve lorsqu'on pénètre dans une chambre fermée par des mains pieuses des siècles auparavant. Un instant, le temps s'abolit. Trois mille, quatre mille ans peut-être, se sont écoulés depuis qu'un pied a foulé pour la dernière fois ce sol. Et pourtant, à mesure qu'on note les traces de vie autour de soi – le bol à moitié rempli de mortier, la lampe noircie, l'empreinte de doigts sur une surface récemment peinte, la guirlande d'adieu posée sur le seuil –, on a l'impression que c'était hier. L'air qu'on respire, le même depuis des millénaires, on le partage avec ceux qui déposèrent la momie dans sa sépulture. Et chacun de ces petits détails vivants accroît votre sentiment de vous comporter en intrus.

Telle est bien la première impression. Mais, bientôt, d'autres vous assaillent, puissantes et rapides – la joie de la découverte, l'impulsion, presque irrésistible, de briser les scellés pour ouvrir les boîtes, la pensée qu'on est sur le point d'ajouter une page à l'histoire de l'humanité ou de résoudre un problème jusque-là insoluble, l'espoir insensé aussi, du chercheur de trésors. Ces pensées me traversèrent-elles vraiment l'esprit à ce moment-là, ou me sont-elles venues depuis ? Je ne saurais le dire.

Jamais, sans doute, dans toute l'histoire de l'archéologie égyptienne, il n'a été donné à personne de contempler un spectacle aussi étonnant. Les photographies qui ont été publiées par la suite furent prises après qu'on eut ouvert la tombe et installé l'électricité. Il faut imaginer comment les objets nous apparurent, à la lumière de notre lampe – première lueur à percer l'obscurité de l'hypogée depuis trois mille ans. L'effet était inouï, bouleversant. Je crois que nous n'avions jamais vraiment formulé en termes exacts ce que nous

nous attendions à voir. En tout cas, nous n'avions certainement jamais rêvé pareille chose : toute une salle remplie d'objets dont certains nous étaient familiers, d'autres inconnus, empilés les uns sur les autres avec une profusion apparemment inépuisable.

La fabuleuse découverte de la tombe de Toutankhamon,
traduit de l'anglais par Martine Wiznitzer

HIRAM BINGHAM

Un spectacle inattendu

Universitaire spécialisé dans l'histoire de l'Amérique coloniale et républicaine, aventurier privilégiant les expéditions effectuées dans des conditions dépaysantes – il fit notamment une traversée de la Cordillère à dos de mule – Hiram Bingham (1875-1956) révéla au monde les ruines fascinantes de la cité perdue de Machu Pichu, qu'il découvrit le 21 juillet 1911 et dont il publia des descriptions minutieuses.

A peine avions-nous quitté la hutte et dépassé le promontoire que s'offrit à nos yeux un spectacle tout à fait inattendu – une grande volée de terrasses en pierres d'un très bel appareillage (peut-être une centaine), chacun d'elles étant longue de deux cents à trois cents mètres et haute de trois mètres. Ces *andenes* avaient été récemment arrachés à la jungle par les Indiens. Une véritable forêt de grands arbres vieux de plusieurs siècles avait été abattue et en partie brûlée pour laisser place à ces essarts propices à l'agriculture. Le travail de déblayage excédant les forces des deux Indiens, les troncs d'arbres avaient été laissés là où ils étaient tombés et seules les plus petites branches avaient été coupées. Le sol originel, soigneusement mis en place par les Incas, était encore capable de donner de belles récoltes de maïs et de pommes de terre.

Il n'y avait toutefois pas de quoi s'enflammer. De semblables volées de terrasses impeccablement étagées peuvent être vues dans la haute vallée de l'Urubamba, à Pisac et Ollantaytambo, ainsi qu'en face de Torontoy, plus loin en aval. Aussi bien nous continuâmes à suivre patiemment notre jeune guide le long d'une des plus larges terrasses, où l'on pouvait distinguer les restes d'une rigole d'irrigation. Nous venions de pénétrer à nouveau dans la forêt encore vierge lorsque soudain des vestiges de murs de la plus belle facture surgirent devant moi. Il était difficile de s'en approcher, dans la mesure où ils étaient partiellement dissimulés par des arbres et de la mousse – l'œuvre de plusieurs siècles –, mais dans l'ombre dense, cachés derrière des fourrés de bambous et des vignes grimpantes, apparaissaient çà et là des parements de pierres de granite blanc finement taillées et délicatement appareillées. Nous jouâmes des pieds et des mains pour traverser les broussailles, escaladant les murets des terrasses et progressant avec peine dans les fourrés de bambous où notre guide se fraya un chemin plus facilement que nous. Tout à coup, sans qu'il nous en ait préalablement avertis, le jeune homme me montra, sous une énorme corniche en surplomb, un renfoncement revêtu de pierres taillées de la manière la plus exquise. Il s'agissait de toute évidence d'un mausolée royal. Au-dessus de la corniche en question se dressait un édifice semi-circulaire dont l'enceinte, légèrement inclinée et incurvée, rappelait de manière frappante le Temple du Soleil du Cuzco. Il pouvait d'ailleurs s'agir d'un Temple du Soleil. Il épousait la courbure naturelle de la roche, à laquelle il était assujetti par l'un des plus beaux exemples de maçonnerie qu'il m'ait été donné de voir. En outre, il s'imbriquait dans un autre très beau mur fait lui aussi de pierres très soigneusement ajustées, d'un pur granite blanc spécialement sélectionné pour la finesse de son grain. Sans nul doute, il s'agissait là de l'œuvre d'un maître. [...]

J'en avais le souffle coupé. A quoi pouvait bien correspondre cet endroit ? Pourquoi personne n'en avait jamais fait mention jusque-là ? [...] Peut-être après tout ne s'agissait-il que d'une petite localité isolée tombée dans l'oubli en raison de sa difficulté d'accès ?

Le jeune garçon nous engagea ensuite à poursuivre notre ascension en empruntant les marches de pierre que nous distinguions au-dessus de nous. Les surprises succédaient aux surprises à un rythme ahurissant. Nous parvînmes en effet au pied d'un grand escalier formé d'énormes blocs de granite. Puis nous marchâmes le long d'un chemin jusqu'à une clairière où les Indiens avaient aménagé un petit potager. Soudain, nous débouchâmes sur les ruines de deux des plus superbes structures architecturales de l'Amérique précolombienne. Faits d'un beau granite blanc, les murs comprenaient des blocs de dimensions cyclopéennes (certains dépassaient deux mètres de haut). Ce spectacle me figea sur place.

Chaque édifice ne comportait que trois murs, et était entièrement ouvert sur un côté. Hauts de 3,50 m, les murs du temple principal étaient garnis, sur leurs faces intérieures, de niches aménagées avec art – cinq haut placées, de chaque côté, et sept au fond. Les murs latéraux étaient formés de sept assises de pierres de taille. Sous les niches du fond se dressait un bloc rectangulaire de 4,20 m de long – un autel sacrificiel, ou, plus probablement, un trône pour les momies des

Incas défunts, extraites de leurs tombes pour y être adorées. L'édifice semblait ne jamais avoir eu de toit. Ne présentant aucune aspérité, les pierres de taille de la couche supérieure n'étaient pas destinées à être couvertes : le soleil, de ce fait, baignait de ses rayons le lieu du culte. J'examinai ensuite – en ayant peine à me fier à mes sens – les plus gros blocs de l'assise inférieure, et estimai qu'ils devaient peser entre dix et quinze tonnes chacun. Allait-on me croire lorsque je ferais état de mes découvertes ? Heureusement, dans ce pays où le souci de l'exactitude et de la vérité n'est pas la qualité principale des voyageurs, je disposais d'un bon appareil photographique et le soleil brillait de tous ses rayons.

La fabuleuse découverte de la cité perdue des Incas. La découverte de Machu Pichu,
traduit de l'américain par Philippe Babo

HENRI BREUIL

Sur la paroi, les images

Ayant pris la soutane en 1897, Henri Breuil (1877-1961) fut ordonné prêtre en 1900. Engagé très tôt sur les sentiers de la préhistoire, ce chercheur infatigable lui consacra toute son énergie et son talent, au point d'en devenir l'une des figures de proue – son mémoire sur « Les subdivisions du Paléolithique supérieur et leur signification », en particulier, fit sensation. Il participa aux principales découvertes des « grottes profondes » françaises, effectua des fouilles fructueuses sur le sol national comme à l'étranger, fut membre de nombreuses académies et sociétés savantes, professa au Collège de France *ainsi qu'à l'Institut de Paléontologie Humaine et laissa un important corpus théorique. Dans* Quatre cents siècles d'art pariétal, *son ouvrage de référence, il évoque la « bataille » des grottes ornées qui s'engagea entre défenseurs acharnés de l'art rupestre et sceptiques privilégiant la thèse de faux modernes ou d'amusements.*

La caverne d'Altamira est située dans les Monts Cantabriques, à 30 kilomètres à l'ouest de Santander, près de Santillana del Mar. Des grottes à peintures paléolithiques, c'est la première découverte, et en même temps une des plus belles.

En 1863, l'entrée de la caverne qu'un éboulement avait obstruée plusieurs millénaires auparavant fut découverte fortuitement par un chasseur. Quelques années plus tard, un archéologue de Santander, Don Marcellino S. de Sautuola faisait l'exploration complète de la grotte et y entreprenait quelques fouilles, sans soupçonner d'ailleurs le moins du monde la présence à quelques mètres de lui des prestigieuses fresques préhistoriques. Ce n'est qu'en 1879, alors que les fouilles se poursuivaient plus ou moins régulièrement au hasard des loisirs de l'archéologue, que sa petite fille Maria, en jouant dans la grotte, remarqua une bête peinte au-dessus de sa tête. M. de Sautuola examina la découverte et s'aperçut que celle-ci n'était pas isolée : 10, 20 autres peintures de Bisons et d'animaux divers l'entouraient. Parcourant immédiatement l'ensemble des galeries, il découvrit ainsi de nombreuses silhouettes peintes ou gravées.

Sautuola réalisa dès le début l'importance de sa découverte et n'hésita pas à l'attribuer à des civilisations très anciennes. Il en donna une publication en 1880, mais le monde savant, à l'exception de J. Vilanova y Piera et d'Edouard Piette, resta sceptique ; l'âge et l'authenticité des peintures et gravures d'Altamira ne furent plus défendus ; seuls quelques graffiti noirs ou gravés de la galerie furent acceptés par Edouard Harlé (1883). Puis la découverte à peine publiée tomba dans l'oubli. En 1880, au Congrès International d'Anthropologie et d'Archéologie préhistoriques qui se tenait à Lisbonne, le nom d'Altamira ne fut même pas prononcé.

C'est seulement bien des années plus tard, avec la découverte des grottes de La Mouthe, des Combarelles et de Font de Gaume, que le problème de l'âge d'Altamira, qui, de temps en temps, suscitait de vives discussions parmi les archéologues, put enfin être résolu. Ce qui, 20 ans plus tôt, avait paru à la plupart impensable, devenait évident : l'homme du Paléolithique Supérieur était en possession d'un art évolué ; il était capable non seulement de sculpter et de graver de petits objets d'os ou d'ivoire, mais aussi de décorer les parois et les voûtes de ses cavernes de larges fresques peintes et gravées. En 1902, Emile Cartailhac faisait paraître dans l'Anthropologie, sous le titre de « Meâ culpâ d'un sceptique » une courageuse rétractation dans laquelle il reconnaissait s'être trompé sur l'âge d'Altamira. La même année, se rendant à Santillana del Mar, il me demandait de l'accompagner pour en faire l'étude scientifique et entreprendre le relevé des peintures de la grotte. La question de l'authenticité était désormais résolue.

Quatre cents siècles d'art pariétal
Éditions Max Fourny, 1985
D.R.

CHRISTIANE DESROCHES NOBLECOURT

Sauvegarder, dit-elle

Éminente égyptologue, première femme membre de l'Institut français d'archéologie orientale (1938), membre de la Résistance pendant la Seconde Guerre mondiale, inspectrice générale honoraire des musées de France (1988), conservatrice générale honoraire du département des Antiquités égyptiennes du Musée du Louvre, professeure d'archéologie égyptienne à l'École du Louvre et autrice de nombreux ouvrages et publications faisant autorité, Christiane Desroches Noblecourt (1913-2011) fut à l'origine de l'extraordinaire opération de sauvetage des monuments de Nubie, menacés par la construction du barrage d'Assouan.

J'avais souvent évoqué, avec Saroïte Okacha, la question du Grand Barrage et la disparition de la Nubie égyptienne qui en découlerait irrévocablement. Il en était lui-même ulcéré, mais ne pouvait encore trouver la parade possible. J'avais déjà poussé certains pions vers une solution, qui lui paraissait encore irréalisable, lorsqu'un jour, en arrivant à son bureau, je le trouvai dans un véritable état de choc. Il venait de recevoir la visite de l'ambassadeur d'un très puissant État étranger, lequel, croyant probablement être fort efficace, avait employé des termes dénués de toute psychologie pour lui faire comprendre que, puisque l'Égypte était incapable de protéger ses propres monuments, elle n'avait plus alors qu'à s'en défaire et les vendre à l'étranger !

« Songez, Christiane, à l'insulte qui nous est faite. Brader nos temples ! Mieux vaut les laisser s'engloutir sous les eaux, à l'image de Philae, mais pour toujours. » Son émoi, très réel, témoignait autant de tristesse que d'écœurement. Il mesurait l'infinie distance entre ce pragmatisme déconcertant, cette mentalité si différente de leur sensibilité nationale et de leurs préoccupations présentes. « Alors, lui dis-je, il ne vous reste plus qu'une direction à prendre », et je répétai le plaidoyer utilisé devant les membres de l'Icom, à Paris : « Vos monuments sont nos monuments à nous tous. Ils constituent l'essence même de votre civilisation, mais aussi nos racines propres. Tout ce legs immense, véhiculé à travers les frontières et les siècles, ce message, nous ne voulons pas non plus qu'il disparaisse. Nous ne l'avons pas encore entièrement décrypté et nous ne pouvons pas priver nos contemporains et, à plus forte raison, nos héritiers de ce patrimoine universel. »

Ce genre d'arguments était propre à toucher un homme comme Saroïte Okacha. « Mais que faire ? » me dit-il. Je repris : « Ne pas agir comme nos prédécesseurs. L'Occident a été insensible à la “mort de Philae”, malgré le cri d'alarme lancé par Maspero relayé par Pierre Loti, au début du siècle. Nous-mêmes sommes restés indifférents devant les destructions infligées par un maquignon à l'abbaye de Cluny… Je ne veux pas remonter à l'incendie de la bibliothèque d'Alexandrie ou à celui, beaucoup plus récent, d'Hermopolis. Voici l'occasion unique maintenant de mettre un terme à ces drames successifs. L'Égypte est membre de l'Unesco comme d'autres pays. Vous ne voulez pas vous engager dans une aliénation "bilatérale", quelle qu'elle soit ? Je le comprends ! Mais l'Unesco, c'est aussi bien vous que nous tous. Adressez-vous à cette organisation qui, au nom des nations membres, s'adressera au monde entier pour une œuvre commune de sauvegarde. Ce sera la plus belle croisade culturelle qui soit, comme il n'en a pas encore existé, et vous ferez école. »

Je sentais que je rencontrais le sentiment profond de Saroïte Okacha ; il n'avait pas osé l'exprimer lui-même, par la plus respectable des discrétions, attendant très probablement de voir ma réaction.

« Il faudrait donc que nous formulions cette demande, me dit-il d'emblée. Je suis persuadé que j'obtiendrai l'accord du Président. Mais vous rentrez à Paris après-demain, il faut que nous réglions ça tout de suite. » Saroïte Okacha menait ainsi toutes choses à ce rythme accéléré. On était loin de la célèbre routine de l'administration ! En militaire lucide et responsable, lorsque Saroïte Okacha avait pris une décision, il entendait la mener jusqu'au bout, balayant les résistances les plus tenaces et toujours fidèle aux décisions qui lui paraissaient sages ou aux promesses faites. Le ministre continua : « Il nous faut donc préparer la lettre que le Président devra signer : je vous demanderai de la remettre au directeur général de l'Unesco, mais le temps presse. Je n'ai pas encore sous la main un secrétariat de langue française et je ne tiens surtout pas à ébruiter cette affaire avant qu'elle n'ait entièrement pris corps. En conséquence, voulez-vous que nous rédigions en français, tous les deux, cette lettre, mais qui la tapera ?

— Moi-même !

— Vous feriez cela pour moi ! Est-ce possible ? Vous savez utiliser une machine à écrire ?

— Ne vous inquiétez pas, mon cher Saroïte, tout le monde tape à la machine chez nous. Cela ne me gêne aucunement. »

Je me trouvais très amusée d'être momentanément transformée en dactylo, rédactrice du ministre ! Car je me souviens qu'en Égypte, à cette époque encore, j'avais eu toutes les peines du monde à inciter les jeunes universitaires égyptiens, enrôlés au CEDAE, à taper eux-mêmes à la machine leurs fiches archéologiques d'enregistrement. Cela ne paraissait pas compatible avec leurs diplômes !

Comment trouver une machine à écrire, dans ce palais ? Effectivement, le ministère de la Culture était encore implanté dans l'ancien palais royal d'Abdine et les bureaux étaient très dispersés. Celui du ministre, naturellement aménagé dans les pièces de réception, se trouvait assez éloigné de l'administration, et les lettres se faisaient encore souvent à la main. Saroïte Okacha se souvint, étant encore l'année précédente ambassadeur de son pays en Italie, d'avoir rapporté une petite Olivetti portative. Il la sortit de son placard et l'installa sur la grande table, utilisée jadis par le roi Farouk, en me disant avec prévenance : « Je vous laisse composer dans la belle langue de Voltaire les termes de notre demande, et ne veux pas vous troubler pendant la rédaction. Je me retire dans le petit salon voisin, appelez-moi si vous avez besoin de quoi que ce soit. »

Je me mis au travail et, peu d'instants après, je commençai à entendre de suaves harmonies semblant provenir de la pièce voisine. Discrètement la porte s'ouvrit et je vis apparaître le visage souriant du ministre : « Je me suis permis de mettre cette musique que j'aime tant. J'espère qu'elle vous inspirera et adoucira votre tâche. »

Ainsi, la première étape positive concernant la sauvegarde des monuments de la Nubie fut franchie au son des *Quatre Saisons* de Vivaldi. C'était le 4 avril 1959.

La Grande Nubiade
ou le parcours d'une égyptologue

STRATE 2 : L'ENVERS DU DÉCOR

GIAMBATTISTA BELZONI

Les cadavres ne portent pas de costards

Né à Padoue, débarqué en Égypte en 1815 muni d'un passeport britannique, Giambattista Belzoni (1778-1823) ne fut pas un savant, mais un chasseur de trésors à l'esprit aventureux – en 1817, il mit à jour l'hypogée de Séti Ier, reconstituée par ses soins à Paris six ans plus tard –, motivé par l'argent et indifférent à la compréhension du passé. Si ses techniques d'excavation destructives ont été critiquées à juste titre, ce découvreur d'antiquités fait malgré tout figure de pionnier, le récit de ses expéditions ayant contribué à l'engouement pour l'Égypte ancienne d'un public jusqu'alors ignorant du caractère exceptionnel de cette civilisation.

Le district de Gournah se compose d'une chaîne de rochers d'environ deux mille de long, au pied des montagnes de la Libye, et à l'ouest de la ville aux cent portes, qui avait ses catacombes dans ces rochers mêmes. Toutes les parties en ont été creusées par l'art, en forme de salles plus ou moins grandes, dont chacune a une entrée particulière; et, quoique contiguës les unes aux autres, il existe rarement des communications entre elles. Ces tombes singulières n'ont pas de pareilles dans le monde; ce ne sont ni des carrières, ni des mines, et la difficulté d'y pénétrer fait que l'on ne connaît que très-imparfaitement ces souterrains où dorment d'un sommeil éternel les générations qui se sont succédées dans la grande Thèbes.

Ordinairement le voyageur se contente d'y admirer l'entrée, la galerie, l'escalier, toutes les parties enfin où il peut pénétrer sans beaucoup de peine. Les objets étranges qu'il voit sculptés en divers endroits, ou peints sur les deux parois, occupent assez son attention ; et quand il est arrivé à des passages étroits et impraticables, conduisant à des puits ou à des cavernes plus profondes, il ne s'imagine pas que ces abîmes affreux offrent assez de choses curieuses pour valoir la peine d'y pénétrer ; il recule et revient sur ses pas dans la persuasion d'avoir vu ce que ces catacombes offrent de plus remarquable. Il est vrai qu'un grand obstacle arrête d'ailleurs la curiosité du voyageur intrépide. Il règne dans ces sépulcres antiques un air suffocant qui le fait souvent tomber en défaillance. Infectée des exhalaisons de milliers de cadavres, une poussière fine s'élève sous les pas du voyageur, pénètre dans les organes de la respiration et irrite ses poumons. Et quant aux passages taillés dans le roc, où sont déposées les momies, ils sont comblés en partie par le sable tombé du haut de la voûte. En quelques endroits il n'y a qu'une ouverture étroite, par laquelle on est obligé de ramper en passant à plat ventre sur des pierres aiguës qui coupent comme le verre. Après avoir passé par les corridors, dont quelques uns ont cent à cent cinquante toises de long, on arrive à des caveaux un peu plus spacieux : c'est là que les momies sont entassées de tous les côtés par centaines et par milliers. Ces derniers réduits sont repoussans par l'horreur qu'ils inspirent. Les monceaux de cadavres dont on est entouré, la noirceur des parois et de la voûte, la faible lumière que jettent, au milieu d'un air épais, les torches des Arabes qui servent de guide dans ces sépulcres, et qui, décharnés, nus et couverts de poussière, ressemblent aux momies qu'ils font voir au voyageur, l'éloignement où l'on se trouve du monde habité, tout contribue à effrayer l'âme de l'Européen dans ces excursions souterraines. J'en ai fait plusieurs; j'en suis revenu souvent tout épuisé de fatigue et près de me trouver mal; cependant l'habitude m'a aguerri contre l'horreur de ce spectacle, quoique la poussière des momies ait toujours affecté très-désagréablement tous mes sens; celui de l'odorat est chez moi très-émoussé : je n'en étais pas moins sensible à l'effet suffocant de cette poudre presque imperceptible qui provient de la décomposition des cadavres embaumés, et qu'un léger mouvement, au milieu de cet amas de corps, fait lever en nuages épais. Une fois, ayant passé par un corridor long et étroit, j'arrivai dans un caveau, et, pour m'y reposer des fatigues de la route, je m'assis sur une de ces masses, mais elle s'enfonça sous le poids de mon corps; les momies d'alentour auxquelles je voulais me retenir s'anéantissaient également, et je fus enveloppé, dans ma chute, d'un tourbillon de poudre qui me força de rester immobile pendant un quart d'heure pour attendre qu'il fût dissipé. Cependant tel était le nombre des corps dans ces sépulcres, qu'il était souvent impossible d'avancer d'un pas sans faire tomber une momie en poussière. Une autre fois, ayant à passer d'un caveau à un autre, je traversai un passage de vingt pieds de long, mais où les momies étaient entassées au point qu'il ne restait que la largeur du corps, et qu'à tout moment mon visage se trouvait en contact avec celui d'un ancien Egyptien. Comme le sol allait en pente, mon propre poids m'aidait à avancer; mais ce ne fut qu'en faisant rouler avec moi des têtes, des bras et des jambes, que j'arrivai au bas du passage. Tous les caveaux que je trouvais étaient pleins de cadavres, couchés, empilés, debout ou dressés, même de manière à avoir la tête en bas. Mon principal but, en visitant ces charniers, était de chercher des papyrus; j'en ai trouvé plusieurs cachés dans le sein des momies, sous leurs bras, ou enveloppant les cuisses et les jambes, et étant enveloppés à leur tour de longues bandes de toile.

Voyages en Égypte et en Nubie
1821

JACQUES BOUCHER DE PERTHES

Copie conforme

La distinction de l'objet original et du faux qu'il inspire est parfois si ténue qu'il semble difficile de la cerner : le préhistorien Jacques Boucher de Perthes (1788-1868) en relate l'expérience. Auteur prolifique, président de la Société d'émulation d'Abbeville (société savante fondée en 1797), il effectua de nombreuses fouilles, développa la notion d'homme antédiluvien dans Antiquités celtiques et antédiluviennes *(1847), l'un des ouvrages fondateurs de la préhistoire, et fit don d'une partie de sa collection au Musée des Antiquités nationales de Saint-Germain-en-Laye créé par Napoléon III le 1er janvier 1862 – la section archéologique du musée d'Abbeville, actuel musée Boucher-de-Perthes, abrite l'autre partie de ses collections.*

À la fin de mai 1856, se présenta chez moi un ouvrier terrassier, parlant français avec un accent alsacien très-prononcé et qui me dit se nommer Knecht. Il paraissait très-fatigué et arrivait de Roye (Somme), à ce qu'il assurait. Il était venu chercher du travail à Abbeville, parce que le terrain était fort dur à Roye et le fatiguait trop. Alors il tira d'un sac quatre figurines de fer de 14 à 15 centimètres de haut, représentant quatre personnages ayant le costume du XIIe siècle, mais dont, malgré l'oxydation, toutes les parties étaient bien conservées. D'ailleurs, rien de plus curieux que ces statuettes qui, dans leur bizarrerie, caractérisent au mieux une époque.

Il commença par me dire que tout le monde, dans les rues, l'arrêtait pour les voir; qu'on lui avait dit qu'elles valaient mille francs, et que s'il ne les vendait pas ce prix, il en tirerait bon parti en les montrant au public.

Lui ayant demandé d'où elles provenaient, il me répondit qu'il les avait trouvées à six mètres de profondeur, à Roye, derrière le cimetière, après le pont, en travaillant au chemin. Elles étaient placées dans une marmite de fer de 40 centimètres de hauteur sur 35 de largeur. Cette marmite posait sur trois pieds; elle était presque carrée, ornée de quatre têtes avec anneaux, dont une avait été brisée.

En outre de ces figurines, la marmite, ajoutait-il, contenait des clefs et des cadenas qu'on avait distribués à qui en voulait, et l'on n'avait gardé que les quatre figures qu'il s'était chargé de vendre au profit de ses camarades.

De mille francs qu'il en voulait d'abord, il se rabattit à cent, et quand il vit que je n'en voulais pas à ce prix, il m'en demanda cinquante, puis vingt-cinq que je lui donnai.

Je croyais avoir fait une belle trouvaille, mais bientôt j'appris que le même ouvrier s'était présenté chez deux autres amateurs et qu'il leur avait vendu à chacun quatre figures absolument semblables aux miennes, puis qu'il avait gagné l'embarcadère et était parti. Ceci me donna des soupçons. J'examinai de près les figures : je reconnus qu'elles étaient en plomb revêtu d'une couche épaisse d'oxyde de fer. L'illusion était complète et, en fait d'imitation, je n'ai rien vu de plus parfait : je ne regrettai donc pas mes vingt-cinq francs. Mais je n'en avais pas moins été mystifié comme mes deux confrères en archéologie, et même un peu mieux qu'eux, car ils n'avaient payé les leurs que vingt-cinq francs. Il est vrai que j'avais eu l'histoire en sus : elle valait bien cinq francs.

Antiquités celtiques et antédiluviennes.
Mémoire sur l'industrie primitive
et les arts à leur origine. Tome deuxième.
1857

THÉOPHILE GAUTIER

Franc pilleur

« J'ai un pressentiment que nous trouverons dans la vallée de Biban-el-Molouk une tombe inviolée. » Un jeune Anglais et un savant allemand découvrent aux côtés de la momie d'une belle jeune fille un papyrus justifiant l'étrangeté sa présence dans un tombeau destiné à un pharaon. Pour nourrir son récit et évoquer l'Égypte des temps bibliques, Théophile Gautier (1811-1872) puisa dans les documents archéologiques, chez les égyptologues ainsi que dans les récits de voyages.

Avec la finesse particulière aux Grecs, d'après l'aspect de Lord Evandale, il additionna rapidement les revenus probables de Sa Seigneurie, et résolut de ne pas le tromper, calculant qu'il retirerait plus d'argent de la vérité que du mensonge. Aussi renonça-t-il à l'idée de promener le noble Anglais dans des hypogées déjà cent fois parcourus, et dédaigna-t-il de lui faire entreprendre des fouilles à des endroits où il savait qu'on ne trouverait rien, pour en avoir extrait lui-même depuis longtemps et vendu fort cher ce qu'il y avait de curieux. Argyropoulos (c'était le nom du Grec), en explorant les recoins de la vallée moins souvent sondés que les autres, parce que jusque-là les recherches n'avaient été suivies d'aucune trouvaille, s'était dit qu'à une certaine place, derrière des rochers dont l'arrangement semblait dû au hasard, existait certainement l'entrée d'une syringe masquée avec un soin tout particulier, et que sa grande expérience en ce genre de perquisition lui avait fait reconnaître à mille indices imperceptibles pour des yeux moins clairvoyants que les siens, clairs et perçants comme ceux des gypaètes perchés sur l'entablement des temples. Depuis deux ans qu'il avait fait cette découverte, il s'était astreint à ne jamais porter ses pas ni ses regards de ce côté-là, de peur de donner l'éveil aux violateurs de tombeaux.

« Votre seigneurie a-t-elle l'intention de se livrer à quelques recherches ? » dit le Grec Argyropoulos dans une sorte de patois cosmopolite dont nous n'essayerons pas de reproduire la syntaxe bizarre et les consonances étranges, mais que s'imagineront sans peine ceux qui ont parcouru les Échelles du Levant et ont dû avoir recours aux services de ces drogmans polyglottes qui finissent par ne savoir aucune langue. Heureusement Lord Evandale et son docte compagnon connaissaient tous les idiomes auxquels Argyropoulos faisait des emprunts. « Je puis mettre à votre disposition une centaine de fellahs intrépides qui, sous l'impulsion du courbach et du baschich, gratteraient avec leurs ongles la terre jusqu'au centre. Nous pourrons tenter, si cela convient à Votre Seigneurie, de déblayer un sphinx enfoui, de désobstruer un naos, d'ouvrir un hypogée... »

Voyant que le Lord restait impassible à cette alléchante énumération, et qu'un sourire sceptique errait sur les lèvres du savant, Argyropoulos comprit qu'il n'avait pas affaire à des dupes faciles, et il se confirma dans l'idée de vendre à l'Anglais la trouvaille sur laquelle il comptait pour parfaire sa petite fortune et doter sa fille.

« Je devine que vous êtes des savants, et non de simples

voyageurs, et que de vulgaires curiosités ne sauraient vous séduire », continua-t-il en parlant un anglais beaucoup moins mélangé de grec, d'arabe et d'italien. « Je vous révélerai une tombe qui jusqu'ici a échappé aux investigations des chercheurs, et que nul ne connaît hors moi ; c'est un trésor que j'ai précieusement gardé pour quelqu'un qui en fût digne.

— Et à qui vous le ferez payer fort cher, dit le lord en souriant.

— Ma franchise m'empêche de contredire Votre Seigneurie : j'espère retirer un bon prix de ma découverte ; chacun vit, en ce monde, de sa petite industrie : je déterre des pharaons, et je les vends aux étrangers. Le pharaon se fait rare ; au train dont on y va : il n'y en a pas pour tout le monde. L'article est demandé, et l'on n'en fabrique plus depuis longtemps.

Le Roman de la momie
1858

JANE DIEULAFOY

Mission à haut risque

Archéologue et exploratrice, habillée avec des vêtements d'homme en toute illégalité – pour mémoire, la loi de 1800 interdisant aux femmes de porter des pantalons a été abrogée... en 2013 –, Jane Dieulafoy (1851-1916), née Magre, mena des fouilles à Suze avec son époux Marcel-Auguste Dieulafoy, consignant illustrations, photographies, descriptions et événements souvent épiques dans son journal.

12 mars — Mauvaise journée, mauvaises nouvelles.

La grande tranchée C commence à s'approfondir. Après avoir déblayé les fondations d'épaisses murailles, derniers débris de la ville arabe qui couvrait encore les tumulus à la fin du douzième siècle, les ouvriers se sont enfoncés dans une terre dure, solide, d'une propreté de mauvais augure.

Malgré son peu d'intérêt, ce chantier est l'objet de mes prédilections. Sur le soir, Marcel est venu me rejoindre ; il tenait une feuille de papier rose dont la teinte gaie contrastait avec son visage sévère.

« Une lettre de Mozaffer el Molk. »

J'ai abandonné la tranchée pour un repli de terrain où l'on est défilé des regards indiscrets.

Voici la dépêche dans toute sa saveur :

« Monsieur,

« Les musulmans sont ignorants, incivilisés et hors « de règle ; ils sont enfin une pierre d'achoppement pour « l'avancement de vos travaux. En mon absence, il vous « est très difficile, je crois, de diriger votre mission. Le « tumulte des passions de la religion islamique causera « peut-être un grand danger qu'il me sera impossible de « comprimer.

« Il est bon de déposer à Dizfoul vos effets chez Mirza « Abdoul-Raïm et de venir rester à Chouster auprès de « moi.

« Après mon retour à Dizfoul, vous vous occuperez « à vos affaires avec l'escorte, la force et le conseil du « gouvernement.

« Tout à vous, « *Mozaffer el Molk.* »

Compter sur les promesses de *Son Excellence*, supposer qu'elle viendra s'établir à Dizfoul tout exprès pour nous donner *l'escorte, la force et le conseil du gouvernement*, serait chimérique ! Il faudrait bien mal juger les fonctionnaires persans, toujours trembleurs et nonchalants, et se faire de singulières illusions sur le climat du pays. Dans un mois le soleil sera brûlant, quinze jours plus tard la chaleur deviendra intolérable, en mai il ne restera plus au *gabr* âme qui vive.

Suivre les conseils du gouverneur, lever les tentes, renvoyer les ouvriers si péniblement conquis, équivaudrait à une désertion, à l'abandon définitif des fouilles. Marcel et moi ne pouvons supporter cette pensée.

D'un autre côté, demeurer ici contre l'avis de Mozaffer el Molk, c'est exposer la mission à de graves dangers et assumer, en cas de malheur, une terrible responsabilité. Nous n'hésitons pas à jouer notre vie; mais, avant d'engager l'existence du personnel placé sous ses ordres, mon mari veut consulter les intéressés. Rentrons.

Près des tentes nous attend Mirza Abdoul-Raïm.

Des faits de la plus haute gravité se sont passés à Dizfoul. Le lendemain de notre départ, cinq ou six cents sectaires, émus à la pensée que des chrétiens allaient souiller de leur présence le tombeau de Daniel, dérober le corps du saint prophète, transporter dans le Faranguistan ce palladium de la contrée, se réunirent dans les mosquées de la ville. Les défenseurs de la foi firent serment d'expulser de vive force ou d'immoler les infidèles, et prirent dans ce but le chemin de Suze.

Les uns étaient armés de mauvais fusils et de pistolets, les autres de lances, tous — ceci prenait un caractère sérieux — de frondes, qui dans la main des Dizfoulis deviennent redoutables. La troupe, dansant, hurlant, invoquait Ali et ses fils, les martyrisés de Médine et de Kerbela. Elle s'était avancée dans la plaine et avait franchi la rivière; vingt kilomètres la séparaient de Suse, quand elle fut rejointe par deux cavaliers venus de la ville à franc étrier. C'étaient les fils du cheikh Mohammed Taher. Le cheikh, effrayé par la spontanéité de cette singulière croisade, leur avait enjoint de ramener les énergumènes.

D'abord bafoués, traités de *kafirs* (mécréants), de *haramzadès* (fils d'impur), les jeunes gens réussissent cependant à se faire écouter. Les Dizfoulis consentent à regagner la ville, sous la promesse solennelle qu'une députation composée de seïds, de mollahs et des plus ardents promoteurs du mouvement ouvrira dès le lendemain une enquête sévère. Si les chrétiens ont violé le tombeau de Daniel, Cheikh Taher en personne conduira les justiciers et présidera au massacre des coupables.

De son côté, le vénérable religieux faisait appeler Abdoul-Raïm et l'interpellait sur notre étrange conduite : « On accuse les Faranguis d'avoir déjà ruiné le tombeau du prophète !

— Les prenez-vous pour des sorciers ? Partis hier dans l'après-midi, ils n'ont pu gagner Suse avant la nuit ; ils ne possèdent ni pelles ni pioches, puisque ces outils sont encore chez le forgeron chargé de les emmancher. D'ailleurs je vais les rejoindre et vous tiendrai au courant de leurs faits et gestes.

— Vous ne partirez pas seul, reprit le cheikh défiant ; seïd Hadji Houssein vous accompagnera et vous évitera la peine de revenir à Dizfoul. »

C'est ainsi que le surlendemain de notre arrivée, sont apparus les turbans blancs et bleus, qui, après avoir constaté le parfait état du tombeau, nous ont fait subir un insidieux interrogatoire.

A la suite de cette échauffourée, un courrier volait dans la direction de Chouster. Mozaffer el Molk, qui avait dépensé toute sa diplomatie pour enrayer notre marche vers Suse ou éviter de se compromettre dans notre voisinage, priait les autorités civiles de Dizfoul de lui envoyer des rapports motivés. De la lecture de ces documents le Khan concluait au rappel immédiat de la mission française, exposée, sans autre rempart qu'une toile de tente, non seulement aux razzias des nomades, mais à la haine des fanatiques qui vont entreprendre leur pèlerinage annuel.

[…]

Marcel soumit le cas à MM. Babin et Houssay, sans leur dissimuler la gravité de la situation.

« Quels sont vos projets ? demandèrent-ils.

— Ma femme et moi méprisons les menaces d'une population idiote et n'abandonnerons Suse qu'à la dernière extrémité. En cas d'attaque, nous essayerons de nous replier derrière la Kerkha et de gagner le territoire ottoman.

— Vous pouvez compter sur nous, » répondirent-ils sans même se consulter du regard.

A Suse. Journal des fouilles 1884-1886
1888

HOWARD CARTER

Un site n'est pas une garden-party !

À peine découverte, la tombe de Toutânkhamon fut aussitôt victime du tourisme de masse et devint, pour Howard Carter, synonyme de nouveaux défis à relever : comment maîtriser le flux des visiteurs qui se déversent sur le site en rangs serrés et empêchent les archéologues de travailler ?

Que l'archéologie se trouve soudain sous les feux de la rampe, c'était une expérience nouvelle et assez égarante pour la plupart d'entre nous. Nous avions toujours été profondément requis par notre travail, mais sans jamais espérer provoquer plus que quelques questions polies de la part des non-spécialistes. Et voilà que, tout à coup, le monde entier s'intéressait à nous. [...]

Le problème le plus sérieux que notre brusque notoriété nous posait était l'irrépressible attirance que la tombe exerçait sur les visiteurs. Ce n'est pas que nous voulions absolument travailler dans le secret, ni que nous soyons farouchement opposés au tourisme. En fait, il n'y a rien de plus agréable que d'expliquer son travail à des gens qui l'apprécient. Mais, à mesure que le temps passait, nous nous apercevions que, si nous laissions faire, nous allions passer toute la saison à nous donner en spectacle sans avancer notre travail d'un pouce. Sans nul doute, nous venions d'ouvrir un nouveau chapitre dans l'histoire de la Vallée. Des visiteurs, elle en avait toujours connu, mais jusqu'ici, c'était pour explorer une tranche d'histoire, pas pour se rendre à une garden-party. Livres en main, ils visitaient consciencieusement autant de tombes que le temps ou leur guide le leur permettait, déjeunaient à toute allure et se précipitaient pour aller digérer d'autres merveilles. Cet hiver-là, guides et horaires furent négligés, et nombre de sites archéologiques importants délaissés. La tombe les attirait comme un aimant. Dès les premières heures du jour, le pèlerinage commençait. Ils arrivaient, juchés sur des ânes, en charrettes, en voitures à chevaux, et s'installaient à leur aise pour la journée.

Autour du niveau supérieur de la tombe courait un mur bas ; c'est là que chacun s'établissait, attendant que quelque chose se passe. Bien entendu, la plupart du temps, il ne se passait rien. Mais leur patience était inébranlable et ils restaient là, lisant, parlant, tricotant, photographiant la tombe et se photographiant les uns les autres. Grande était l'excitation quand la rumeur s'élevait qu'on allait sortir quelque chose. Livres et tricots étaient prestement abandonnés et tous les appareils photographiques se braquaient sur l'entrée de l'hypogée. La foule était telle, certains jours, que nous avions peur que le mur ne cède sous son poids. Je suppose, en effet, qu'il devait être impressionnant, de là-haut, de voir des objets aussi étranges que les lits en forme d'animaux passer peu à peu de l'obscurité à la lumière du jour. Nous qui les portions avions bien trop à faire pour y penser, mais le silence étonné qui nous accueillait, puis les exclamations qui fusaient, nous faisaient prendre conscience de l'effet produit.

Nous n'avions évidemment pas d'objection à la présence de ceux qui se contentaient de nous observer du haut du muret. Chaque fois que c'était possible, nous laissions même les objets à découvert sur les civières pour qu'ils puissent les voir. Mais il y avait les autres, ceux auxquels, pour une raison ou une autre, nous devions faire visiter la tombe elle-même. Cette dernière contrainte était si insidieuse que, pendant longtemps, aucun d'entre nous n'en mesura l'inévitable résultat : notre travail n'avançait plus.

Au début, naturellement, nous avions reçu les officiels des départements concernés. Ceux-là étaient véritablement les bienvenus. De même, nous étions toujours heureux de recevoir d'autres archéologues. Nul n'aurait songé à leur contester le droit de visiter la tombe, et nous étions ravis de leur montrer notre découverte dans ses moindres détails. Jusque-là, pas de difficulté. Les ennuis commencèrent avec les innombrables lettres d'introduction écrites par nos amis – nous ne savions pas, jusque-là, à quel point ils étaient nombreux – par les amis de nos amis, par des gens que nous connaissions effectivement et d'autres qui nous étaient totalement inconnus. Ou encore, pour des raisons diplomatiques, par des ministres ou les directeurs de différents départements du musée du Caire. Sans parler des introductions écrites par les intéressés eux-mêmes, qui s'ingéniaient à nous démontrer combien il serait peu raisonnable de leur refuser. Un individu particulièrement ingénieux intercepta même un télégraphiste qu'il persuada de lui céder sa place afin d'avoir un prétexte pour nous approcher. Visiter la tombe était devenu une véritable obsession parmi les touristes et, dans les hôtels de Louxor, on ne parlait que de cela. Ceux qui avaient vu la tombe s'en vantaient ouvertement et pour ceux qui n'avaient pas eu ce privilège, c'était devenu une véritable affaire de prestige que d'y parvenir. La chose avait pris une telle ampleur que certaines agences américaines proposaient à leurs clients un voyage en Egypte spécialement pour voir la tombe!

On imagine la difficulté de notre position. A qui devions-nous autoriser la visite, à qui la refuser sans craindre d'offenser les susceptibilités? Il nous fallait pourtant prendre une décision, car notre travail en souffrait de plus en plus. Finalement, nous choisîmes la fuite. Dix jours après l'ouverture de la porte scellée, la tombe fut remblayée, le laboratoire fermé et pendant une semaine, on n'entendit plus parler de nous. L'idée était bonne. Quand nous reprîmes le travail, la tombe elle-même était irrévocablement enterrée et la consigne de n'admettre aucune visite au laboratoire fut strictement respectée.

La fabuleuse découverte de la tombe de Toutankhamon,
traduit de l'anglais par Martine Wiznitzer

ANNEMARIE SCHWARZENBACH

L'indicible peur

« "Qu'allez-vous faire en Perse ?" me demanda Malraux. Il connaissait les ruines de Raghès. Il savait aussi ce qu'est la passion de l'archéologue. [...] Il me demanda : "Seulement à cause du nom ? Seulement pour être très loin ?" *Et je songeai à l'épouvantable tristesse de la Perse... » Archéologue, écrivaine, journaliste et reporter-photographe suisse, amie intime de Klaus et Erika Mann, Annemarie Schwarzenbach (1908-1942) parcourut le monde à une époque tourmentée sans parvenir à y trouver sa place. Le récit des fouilles effectuées sur le sol de la Perse traduit le tourbillon de désespoir dans lequel l'« ange inconsolable » a progressivement sombré.*

À la lisière du cimetière — pour autant qu'il ne s'étende pas à l'infini — passent les chameaux, car l'une des plus anciennes pistes caravanières de la Perse va de Téhéran à Véramine en passant par Raghès, tout près de notre maison ; elle franchit le gué situé à notre porte et suit le long mur de notre jardin. Voilà pourquoi le son des cloches de ces caravanes hante les longues nuits de Raghès ; elles font partie des voix les plus nettes de mon souvenir. Elles se balancent aux flancs des chameaux et bourdonnent, ou elles carillonnent à leur cou. C'est étrange, et bien qu'elles soient déjà très loin, elles dégagent toujours la même tristesse.

Le matin, c'était le même type de cloche qui nous réveillait. Les chiens qui avaient l'habitude de dormir sur le paillasson près de mon lit se levaient d'un bond. Et c'était le commencement d'une nouvelle journée. J'avais à peine le temps d'enfiler mon pantalon, ma chemise et mon gilet de cuir. Devant ma porte se tenait Gellina, une vieille Russe, le verre de thé à la main. « *Drink, my child* », disait-elle. Elle s'adressait toujours à moi en m'appelant son enfant, et quand je suis revenue à Raghès après un an d'absence, elle m'a prise dans ses bras en pleurant. On racontait qu'avant de venir à Raghès comme domestique elle avait tenu un bordel à Téhéran. Mais qu'importe, elle était bonne et tendre, c'était une brave femme. Elle me disait souvent qu'elle priait pour mon âme le soir. Et cela pouvait m'être utile.

Pendant les mois de canicule la cloche sonnait à quatre heures, en automne à cinq heures. L'aube des journées d'automne était la continuation de la nuit. Les dégradés de lumière qui passaient dans le ciel pâle étaient étonnants. Nous partions en camion sur les fouilles où nos ouvriers récitaient leur prière du matin, tournés vers l'est. Parfois il faisait un froid glacial, mais à huit heures, quand sonnait la cloche du petit déjeuner, le soleil était déjà devant la tente, et pendant que nous mangions nous enlevions nos gilets. La matinée était longue, la journée courte. L'obscurité envahissait le musée pendant que, juchés sur nos tabourets, nous classions les objets et les numérotions pour le catalogue.

George avait sa place à côté de moi, et c'était mon meilleur ami. Plus tard les ouvriers furent congédiés, et nous passions toute la journée dans le musée à « boucler » le travail. Il y avait beaucoup à faire.

C'est à cette époque que Van se mit à boire ; il restait toute la nuit à sa table à dessin. Aussi avons-nous pris l'habitude de travailler après dîner. Chacun de nous avait une lampe à pétrole près de lui. Je tapais les fiches à la machine. George, à côté de moi, faisait un travail plus difficile et plus scientifique : il déchiffrait des pièces de monnaie au microscope. Le directeur, un monceau d'objets entassés devant lui, écrivait dans le grand catalogue des textes que je résumais pour les fiches. Le directeur était un Allemand plein de zèle ; il buvait peu, ne lisait rien et travaillait beaucoup. Sa femme, une jeune et riche Américaine, venait parfois au musée et offrait de la vodka. Nous buvions pendant le travail, tout en frissonnant. Ainsi s'écoulaient les longues soirées.

Traversant le verger de grenadiers, George m'accompagnait jusqu'à ma chambre. Bien que nous n'en disions pas un mot, il savait que j'avais peur. C'était une peur étrange et injustifiée. J'avais, toute seule, surmonté des dangers bien plus grands que celui qui consiste à traverser un jardin appartenant à une expédition américaine et entouré d'un haut mur de terre. C'est pourquoi Bibenski, le Russe, ne comprenait pas que j'aie peur, il me considérait comme une fille courageuse.

Parfois, le soir après le travail, je le rejoignais dans sa baraque pour fumer une pipe de haschisch avec lui. Nous restions assis sur le sol de terre battue, le dos appuyé au mur. Parfois il me donnait un coussin et une poustine, parfois il oubliait. Son serviteur bourrait nos pipes : un morceau de haschisch, de la couleur jaunâtre de l'argile, et une couche de tabac par-dessus. Bibenski, maigre, les os des pommettes saillants et les yeux luisants de fièvre, fumait en aspirant profondément la fumée dans les poumons. Je n'y arrivais pas, j'avalais de travers et toussais. Hassan, le serviteur, un garçon de quinze ans, s'en apercevait et se mettait à sourire. Le Russe s'agenouillait devant moi, ouvrait les lèvres, inspirait profondément et me forçait à l'imiter. Je l'imitais en toussant jusqu'au vertige.

« Tu ne sauras jamais, disait-il.

— Je préfère aller dormir », disais-je, et je sortais dans le jardin.

Là, c'était le silence… Mais devant la porte du musée, dans l'ombre, George attendait.

« Je vais vous accompagner », disait l'homme qui, sans dire un mot, devinait mon indicible peur.

La Mort en Perse,
traduit de l'allemand (Suisse)
par Dominique Miermont

YVES COPPENS

La ruée vers l'os

Figure éminente de la Paléoanthropologie, directeur du musée de l'Homme et professeur titulaire de la chaire d'Anthropologie au Muséum national d'Histoire naturelle (1980), titulaire de la chaire de Paléoanthropologie et de Préhistoire au Collège de France (1983), élu correspondant de l'Académie des sciences le 25 avril 1983, puis membre le 24 juin 1985, section des sciences de l'univers, membre libre de l'Académie de médecine (1991), Yves Coppens (1934-2022) monta d'importantes expéditions – notamment en Afrique de l'Est –, récolta de nombreux restes d'hominidés et, vulgarisateur scientifique de talent, fit connaître sa discipline au grand public. Il popularisa l'emblématique « Lucy », premier squelette partiel d'australopithèque découvert le 24 novembre 1974, dans le nord-est de l'Éthiopie, par l'International Afar Research Expedition créée par lui-même, le géologue français Maurice Taieb, le paléoanthropologue américain Donald Johanson, le géologue américain Jon Kalb et la palynologue française Raymonde Bonnefille – l'étude sur les pollens de cette dernière prouva que Lucy « vivait près d'un lac bordé d'une large roselière (roseaux massette et joncs), avec une forêt montagnarde dans le lointain ».

Après avoir, quelques jours durant, croisé et salué des villages nomades de yourtes où l'hospitalité fut toujours spontanée et généreuse, avait bu du lait de jument et s'être régalé de la viande noire et grasse – il n'y a pas plus gras ! – de marmottes fraîchement capturées (cuites, dans leur peau détachée, par imposition de pierres chauffées, d'où la présence préservée de la graisse et de la sauce), après avoir franchi un cimetière en fonction mais sans riverains (je n'avais jamais auparavant pris conscience de l'existence de ces lieux qui évidemment ne voyagent pas), nous avons fini par arriver à la fameuse mine d'or, proche à la fois de la Chine et de la Russie. L'accueil fut rude. Le gardien des orpailleurs et de leurs misérables recherches à la battée nous reçut un pistolet dans chaque main. Et il fallut un long palabre entre Tseveendorj, le chauffeur et le garde, qui avaient été rejoints par quelques personnages aux mines peu engageantes, pour être admis à l'intérieur de l'« aire de l'or » ; on peut comprendre la méfiance de ces gens à qui on avait déclaré qu'on allait s'installer chez eux, travailler avec eux et que les paillettes que l'on trouverait seraient pour eux tandis que les os qu'ils découvriraient seraient pour nous ! Ça n'a pas convaincu tout de suite ! Mais nous parvînmes à nos fins, sous la vigilance, probablement jour et nuit, des inquiétants collègues, au fond un peu géologues.

La calotte crânienne, du moins sa partie antérieure, était superbe ! Que c'est beau, un os ! […] Il avait entre 25 000 et 30 000 ans, et nous l'avons trouvé accompagné d'un outillage paléolithique supérieur, extrêmement intéressant car peu connu, outillage présent au milieu de ces gravières alluviales à pépites mais aussi dans des remplissages de grottes et d'abris voisins.

Origines de l'Homme, origines d'un homme.
Mémoires

RAYMONDE BONNEFILLE

Incident de frontière

Normalienne, biologiste, géologue de formation, directrice de recherche émérite au CNRS, la palynologue (spécialiste de l'étude des pollens) Raymonde Bonnefille (née en 1937) a reconstitué de nombreux environnements tropicaux du passé. Elle a participé, à partir de 1968, aux expéditions paléontologiques françaises, puis américaines dans la basse vallée de l'Omo, en Éthiopie, lesquelles « ont impulsé un mode de pensée novateur, une véritable "école scientifique internationale" qui a ouvert un domaine nouveau dans les recherches sur l'origine de l'Homme ».

Une première limite de partage entre le territoire français au sud et américain au nord est une ligne est-ouest, correspondant approximativement à la latitude de 5° 10' N, grossièrement matérialisée par l'aplomb nord du massif volcanique des Nakua et le coude ouest de la grande boucle de l'Omo. Cependant, un an plus tard, l'équipe américaine constatant la pauvreté en fossiles de sa région d'étude, Yves Coppens établit un nouvel accord qui permet à l'équipe américaine de prospecter une partie septentrionale du territoire initialement alloué à l'équipe française, vaste et très riche en fossiles. La nouvelle ligne de partage, située au sud de la première, est matérialisée par un sentier que les véhicules des deux équipes utilisent régulièrement pour l'approvisionnement en eau, et désigné

« piste de l'eau ». Les paléontologues qui collectent sont tenus de respecter les zones de partage, mais les géologues (dont je fais partie) ont le privilège de parcourir indifféremment l'ensemble du territoire. La « piste de l'eau » traverse les dépôts géologiques d'ouest en est, sur une distance (à vol d'oiseau) d'environ 3 kilomètres. Le trajet de cette route constitue une section naturelle de la succession des différentes couches, un véritable livre ouvert sur la superposition des dépôts. Je commence donc mon travail de prélèvements à proximité. Au milieu de la matinée, m'éloignant quelques instants pour trouver un buisson, je dois franchir la colline avoisinante. J'aperçois alors, dans un petit ravin longeant la base de cette colline, une accumulation incroyable de dents de toutes sortes et des fragments osseux de petite taille. En me baissant, je vois briller un éclat d'émail de dent qui me paraît en tout point semblable à celle des molaires d'hominidés. Le soir au dîner, Yves Coppens était fier de nous montrer ses trouvailles et j'ai donc appris à les reconnaître. La découverte d'un reste d'hominidé est une surprise excitante ! Mais la collecte n'est pas mon affaire ! De peur de ne pas être en mesure d'en retrouver l'endroit exact, je marque l'emplacement de la dent par une superposition de pierres, un cairn. Une observation rapide m'indique que l'accumulation des ossements provient d'un niveau localisé au sommet de la colline, sous le tuf F.

De retour au camp, je fais état de mes activités en mentionnant ma découverte d'un endroit extrêmement riche de fossiles.

« Où exactement ? », me demande Yves Coppens.

« Près d'Omo 28, un peu plus au nord et sur le versant sud-est de la colline surmontée par le tuf F. »

« Mais c'est sur le territoire de Clark ! » s'exclame Yves Coppens, ébauchant une expression de réprobation.

« Ah ! Je croyais bien être dans la zone d'exploration française », dis-je après un instant de réflexion. Arrivée sur le terrain depuis une semaine à peine, je me sens fautive de ne pas avoir reconnu la limite entre les deux territoires.

« Mais je pense qu'il y a une dent d'hominidé que j'ai laissée sur place », ai-je timidement ajouté. L'intérêt de mon interlocuteur change alors de façon évidente, avec un regard qui signifie l'arrêt immédiat de la conversation. Un silence s'installe dans le groupe autour de la table tandis que nous sirotons nos verres d'eau additionnée de squash citron. Je comprends que ce n'est plus mon affaire…

Notre chef ne retarde jamais les choses importantes. Juste après le déjeuner, et en pleine chaleur, il invite un petit groupe restreint comprenant Claude Guillemot, Jean Chavaillon et moi, à quitter le camp discrètement, sous le prétexte d'une observation du site Omo 28, proche de ma trouvaille. Nos collègues de l'équipe américaine ne sortent pas à cette heure-là, et nous ne risquons pas une rencontre imprévue qu'ils prendraient pour un espionnage de leurs activités. Le respect des zones de prospection est la règle des bonnes relations entre deux équipes par ailleurs en compétition pour les découvertes d'hominidés. Arrivés au pied de la colline, mes compagnons sont étonnés. J'avais vu juste ! Il s'agit bien d'une molaire d'hominidé. […] Malheureusement, le site est localisé dans la région « rétrocédée » à l'équipe américaine. Pourtant, Yves Coppens ne souhaite pas laisser passer l'opportunité d'une fouille française à cet endroit désormais étiqueté « Omo 33 ».

Après une nuit de réflexion, le lendemain notre responsable rend visite au camp américain, situé à quelques kilomètres au nord du camp français. Yves sait qu'il trouvera son homologue, le professeur F. Clark Howell, seul, à 17 heures durant la corvée d'eau à laquelle tout le staff participe. Il tient à éviter les oreilles indiscrètes du « téléphone de brousse ». L'affaire que notre chef souhaite traiter doit rester confidentielle. Accompagné de son épouse, Yves Coppens explique à son partenaire Clark Howell que, lors des négociations sur la nouvelle attribution des territoires d'exploration, il a oublié de mentionner une exception pour le site Omo 33. Une dent humaine y a été trouvée, en 1967, dit-il (alors que je l'ai trouvée en 1968). Dans ces conditions, l'accord passé signifie que le site demeure exceptionnellement attribué à l'équipe française. En conséquence, il sollicite la permission d'entreprendre une fouille française à Omo 33, endroit pourtant intégré désormais dans le territoire des prospections américaines. Ayant bien connu le professeur de Berkeley, je pense aujourd'hui qu'il n'a pas été dupe de ce petit mensonge. Qu'importe un an ! Avec sa discrétion habituelle, Clark n'a rien laissé paraître de son doute et n'a jamais parlé à ses collaborateurs de cette visite. L'accord scellé par le verre de whisky offert à ses hôtes est un secret de polichinelle pour les participants du camp français cette année-là, mais vite oublié les années suivantes. Le principe des fouilles par l'équipe française à Omo 33 reste acquis.

Sur les pas de Lucy. Expéditions en Éthiopie

MICHAEL ONDAATJE

Science sans conscience n'est que *rune* de l'âme

Défricheur d'une littérature singulière, l'écrivain canadien d'origine sri-lankaise Michael Ondaatje (né en 1943) organise ses narrations comme une avalanche d'histoires fractionnées. Doté d'un enchevêtrement narratif savant, Le fantôme d'Anil *n'échappe pas à la règle, dans lequel une médecin légiste, mandatée par la Commission des droits de l'homme des Nations unies, revient à Colombo pour enquêter sur l'origine d'un massacre et s'adjoint, entre autres aides, celle d'un archéologue aveugle pour faire parler les morts.*

Palipana n'était entré dans le domaine de l'archéologie qu'une fois parvenu à la cinquantaine. Et il n'avait pas fait carrière grâce à ses relations ou sa famille, mais simplement parce qu'il connaissait mieux les langages et les techniques de la recherche que ses supérieurs hiérarchiques. Ce n'était pas un homme facile à aimer, car il avait perdu son charme quelque part dans le courant de sa jeunesse. Au fil des ans, il ne devait découvrir parmi ses étudiants que quatre disciples dévoués. Dont Sarath. Passé la soixantaine, cependant, il s'était fâché avec chacun d'eux. Aucun des quatre ne lui pardonnait les humiliations qu'il avait subies. Ses élèves continuaient néanmoins à croire deux choses, non trois, plutôt : qu'il était le meilleur théoricien de l'archéologie du pays, qu'il ne se trompait pratiquement jamais et que, malgré sa célébrité et ses succès, il avait conservé un style de vie plus spartiate qu'aucun d'eux. Peut-être parce qu'il était le frère d'un moine. Sa garde-robe se limitait apparemment à deux tenues identiques. Et à mesure qu'il vieillissait, il se détachait de plus en plus du monde matériel, sauf pour ce qui était de sa vanité touchant à la publication de ses travaux. Sarath ne l'avait pas revu depuis plusieurs années.

Entre-temps, Palipana avait été mis au ban de la bonne société. Tout avait commencé avec la publication d'une série d'interprétations de glyphes rupestres qui avaient laissé abasourdis les archéologues et les historiens. Palipana avait découvert et traduit un sous-texte linguistique expliquant les raz-de-marée politiques et les remous dans la royauté intervenus dans l'île au cours du VIe siècle. Ses travaux avaient été salués dans les revues, tant à l'étranger que dans le pays, jusqu'à ce que l'un de ses disciples exprimât l'opinion qu'on ne possédait aucune preuve réelle de l'existence de ces textes. Ils n'étaient que pure invention. Un groupe d'historiens n'avait pas réussi à localiser les runes dont parlait Palipana. Personne n'avait retrouvé les derniers mots des guerriers agonisants qu'il avait cités et traduits, ni le moindre fragment des proclamations édictées par les rois, ni les poèmes érotiques en pāli censés avoir été composés par les amants et les confidents de la cour dont il donnait les noms, mais qui ne figuraient pas dans le *Cūlavamsa*.

Les poésies publiées par Palipana avaient paru mettre un terme aux contestations et aux débats des historiens, d'autant qu'il passait pour être le plus rigoureux d'entre eux, se livrant toujours à des recherches approfondies. Maintenant, il leur semblait qu'il avait chorégraphié la courbe de sa carrière afin d'offrir au monde cette ultime tromperie. Encore qu'il s'agît peut-être moins d'une tromperie que d'un mensonge forgé par son propre esprit. Non d'un faux pas, mais d'un pas dans une réalité autre, la dernière figure d'une longue danse de la vérité.

Personne, cependant, n'admirait ce numéro étrange. Aucun de ses partisans universitaires. Pas même ses disciples comme Sarath qui, au cours de ses années d'étudiant, avait subi régulièrement les reproches de son mentor pour ses crimes de négligence et d'inexactitude. Le geste, « le geste de Palipana », était considéré comme la trahison des principes sur lesquels il avait établi sa réputation. Une falsification de la part d'un maître entraînait toujours davantage que des réprimandes, elle entraînait le mépris. Ce n'est qu'en la considérant sous son jour plus innocent qu'on pouvait la regarder comme une rupture autobiographique, ou peut-être chimique.

Le fantôme d'Anil,
traduit de l'anglais (Canada) par Michel Lederer

HOWARD WALDROP

Si c'est une mystification, chapeau !

« Il y a un cheval dans le petit tumulus. » En Louisiane, en 1929, fouillant un tumulus précolombien, une mission archéologique est confrontée à une énigme invraisemblable, tandis que des militaires du XXIe *siècle catapultés sur le continent américain en 1930 pour changer le cours de l'histoire atterrissent à une toute autre époque… Premier roman de l'écrivain américain de science-fiction Howard Waldrop (1946-2024), initialement publié en 1984 et entrecroisant trois récits,* Histoire d'os *arpente les sentiers d'une uchronie non dénuée d'humour.*

Sous l'impulsion du gouverneur Huey Long, dit Kingfish, les pouvoirs publics avaient mis sur pied ce que l'on avait appelé le « projet de protection du Suckatoncha Bayou », une succession de barrages destinés à empêcher que se renouvelle pareille catastrophe à l'avenir. Le premier avait été édifié à quinze kilomètres de là et il était prévu que des bassins de retenue couvriraient petit à petit toute la région circumvoisine au cours des deux années à venir. La commission de sauvegarde avait repéré les sites archéologiques qui seraient submergés (ce faisant, elle en avait découvert quelques autres encore inconnus). En conséquence de quoi, Bessie, Kincaid et cinq autres équipes creusaient le long du bayou pour essayer d'en apprendre le plus possible avant que tout ne soit définitivement englouti.

[...]

William apporta à Bessie quelques tessons de poterie. Chacun portait à l'encre écrit de la main de l'archéologue un numéro indiquant sa position originelle. Elle reconnut immédiatement dans ces poteries rouge et blanc bordées de noir des spécimens dits de Coles Creek. Cela correspondrait normalement à une période se situant entre 700 et 1500 ap. J.-C. Là, pas de surprise, sauf pour ce qui était de la branche supérieure de la fourchette. Voilà qui pourrait expliquer la présence de ces chevaux... Non, pas vraiment. Les chevaux n'étaient pas apparus sur le continent américain avant al deuxième ou la troisième décennie du XVIe siècle et ils n'étaient nulle part attestés dans cette région avant 1540, date de la marche de De Soto vers le nord.

Il était possible que ce segment de la culture de Coles Creek ait duré quelques décennies de plus, peut-être jusqu'au milieu du siècle, et qu'elle ait encore été vivante lors de l'arrivée des Espagnols.

Seulement, il y avait ces cartouches.

Ce n'étaient pas des projectiles de mousquets ou d'arquebuses espagnols. Pour l'essentiel, l'armement des conquistadores était constitué d'arbalètes – jusqu'au milieu du XVIe siècle en tout cas. En général, chaque groupe de cent soldats disposait seulement de dix ou douze armes à feu, plus quelques bombardes. Or, il s'agissait là d'une douille en cuivre moderne.

Il devait forcément y avoir eu une intrusion. De part et d'autre de la saignée témoin, la coupe était franche ; les couches de terre superposées n'avaient pas été dérangées.

On avait commencé à en creuser une seconde, perpendiculaire, qui rencontrerait la première en un point un peu décalé par rapport au centre du tumulus.

Jusqu'à présent, le sol, là non plus, n'avait pas été remué, les strates n'avaient pas été bouleversées, était-il indiqué dans la dernière note de Kincaid accompagnant les tessons.

Sortant de la tente du laboratoire, Bessie prit la direction du chantier. Elle entra dans la tranchée. De Kincaid, elle ne voyait que le dos.

« Comment ces fragments de poteries sont-ils arrivés là ?

— Si c'est une mystification, chapeau! répondit l'archéologue qui dégageait les tessons à l'aide d'un pinceau. Venez voir. »

Bessie le rejoignit en se faisant toute petite. L'odeur de la terre sèche emplissait ses narines, l'assiégeait, imprégnait ses vêtements. Elle leva les yeux dans la direction que Kincaid lui désignait du doigt.

Enchâssé dans la terre au-dessus des ossements de chevaux qui formaient le plancher de la tranchée, il y avait tout un mobilier funéraire – des armes, des récipients, des haches dont le manche de bois s'était désagrégé. Tous ces objets avaient été brisés à l'aide d'instruments pointus. Les récipients avaient été perforés de façon à être rendus inaptes à l'usage quotidien. Les constructeurs de ces tumulus avaient délibérément cassé les objets qu'ils enterraient avec leurs défunts, les avaient « tués » pour qu'ils soient morts comme l'étaient les personnes et les animaux inhumés.

[…]

Kincaid ôta son chapeau et alluma sa pipe.

« Vous êtes bien silencieuse, Bessie, dit-il. Cela ne vous ressemble pas.

— C'est là où notre réputation entre en jeu, n'est-ce pas ? Je veux dire… qu'il y a peut-être une explication rationnelle. »

Kincaid sourit.

« Mais bien sûr. Quelqu'un a creusé un trou, y a entassé des chevaux morts, leur a tiré dessus avec un fusil contemporain, a laissé les douilles dans la fosse, a continué à y empiler des cadavres de chevaux, y a placé tout un mobilier funéraire de type Coles Creek, a parachevé le tumulus et a planté un arbre à son sommet. Et tout cela a été réalisé il y a au bas mot soixante ans quand les premières balles à chemise métallique sont devenus courantes, histoire de faire une bonne blague à un pauvre imbécile d'universitaire en l'an de grâce 1929. Je ne vois pas d'autres explication.

— Et nous laissons les choses en l'état jusqu'à l'arrivée du directeur ?

— En ce qui concerne le tumulus 2B, oui. Aussitôt que William l'aura bâché et que j'aurai terminé ma pipe, nous allons commencer à excaver le 2A. »

Bessie alla se poster devant l'entrée de la tente. Les hommes faisaient de leur mieux pour mettre le maximum de la surface exposée du petit tumulus sous bâche. Kincaid craqua une allumette. Téta sa bouffarde. Il regardait fixement les orbites vides du cheval comme si elles pouvaient lui confier un secret.

Le regard de Bessie revint au plus grand des tumulus qui dominait l'autre comme un petit fortin. Ses genoux tremblaient.

« Merde », fit-elle à mi-voix.

Kincaid la contempla derrière les verres épais de ses lunettes.

« Vous m'enlevez le mot de la bouche », dit-il.

Histoire d'os,
traduit de l'américain par Michel Deutsch

FRED VARGAS

Le chant de la terre

Archéozoologue, Frédérique Audoin-Rouzeau (née en 1957) place son art de faire parler les ossements dans les « rompols » écrits par ses soins sous le nom de plume de Fred Vargas. Son héros récurrent, le commissaire Jean-Baptiste Adamsberg, n'hésite pas ici à faire appel à la science d'un archéologue et à sa lecture du sol. En voie de développement en France, mais encore trop rare, l'archéologie forensique est presque systématiquement employée dans les pays anglo-saxons pour la recherche et la découverte de corps enfouis illégalement.

— Il a raison. La terre sait, et pas nous. Nous ne sommes pas capables d'entendre, et là est le problème.

Le commissaire revint devant la tombe découverte, encadré de Danglard et de Justin.

— Et s'il y a un son à entendre et qu'on ne l'entend pas, c'est que nous sommes sourds. Ce n'est pas que la terre soit muette, c'est que nous sommes inaptes. Il nous faut donc un spécialiste, un interprète, un gars qui sait entendre le chant de la terre.

— Cela s'appelle comment ? demanda Justin, assez inquiet.

— Un archéologue, dit Adamsberg en sortant son téléphone. Ou un fouilleur de merde, comme vous préférez.

— Vous avez cela dans votre compagnie ?

— J'ai, confirma Adamsberg en composant un numéro. Un excellent, un spécialiste des...

Le commissaire s'interrompit, cherchant le mot.

— Des vestiges fugaces, compléta Danglard.

— C'est cela. On ne peut pas mieux tomber.

Ce fut Vandoosler le vieux, un ancien flic cynique et retraité, qui décrocha. Adamsberg lui exposa rapidement la situation.

— Bloqué, coincé, acculé, si je comprends bien ? dit Vandoosler en ricanant. L'animal serait-il vaincu ?

— Non, Vandoosler, puisque j'appelle. Ne jouez pas trop avec moi, je manque de temps aujourd'hui.

— Très bien. Duquel avez-vous besoin ? De Marc ?

— Non, du préhistorien.

— Il est à la cave, englouti dans ses silex.

— Dites-lui de venir me rejoindre ventre à terre au cimetière de Montrouge. C'est urgent.

— Attendu qu'il est immergé à une profondeur de 12 000 ans avant J.-C., rien ne presse, vous dirait-il. Et rien n'arrache Mathias à ses silex.

— Moi, Vandoosler, merde ! Si vous ne m'aidez pas, vous allez faire un foutu cadeau aux Stups.

— Alors c'est différent. Je vous l'envoie.

[...]

Cinq minutes plus tard, Mathias était agenouillé près de la tombe, observant le sol. Adamsberg fit signe à ses agents de faire silence. La terre ne parle pas fort, il faut faire attention.

— Vous n'avez touché à rien ? demanda Mathias. Personne n'a déplacé les tiges des roses ?

— Non, dit Danglard, et c'est toute la question. La famille a dispersé des fleurs sur toute la surface de la tombe, et la dalle a été plaquée dessus. Ce qui prouve que la terre n'a pas été bougée.

— Il y a tiges et tiges, dit Mathias.

Il passa rapidement la main de rose en rose, tournant à genoux autour de la tombe, palpa la terre en différents endroits, comme un tisserand teste la qualité d'une soie. Puis il releva la tête en souriant vers Adamsberg.

— Tu as vu ? dit-il.

Adamsberg secoua la tête.

— Certaines tiges se décollent dès qu'on les effleure, et d'autres sont incrustées. Toutes celles-ci sont en place, dit-il en désignant les fleurs sur la partie basse de la sépulture. Mais celles-là sont en surface, elles ont été bougées. Tu le vois ?

— Je t'écoute, dit Adamsberg en fronçant les sourcils.

— Cela signifie qu'on a creusé dans la sépulture, continua Mathias en ôtant délicatement les tiges à la tête de la tombe, mais sur une partie seulement. Ensuite, les fleurs fanées ont été reposées sur le comblement, pour qu'il ne soit pas visible. Mais cela se remarque tout de même. Vois-tu, dit-il en se relevant d'un seul mouvement, qu'un homme déplace une tige de rose, et mille ans plus tard, tu pourras encore le savoir.

Adamsberg approuva, impressionné. Ainsi donc, s'il touchait le pétale d'une fleur, ce soir, à l'insu de tous et dans l'ombre, un type comme Mathias l'apprendrait dans mille ans. L'idée que tous ses gestes laissent dans son sillage leurs irrécupérables empreintes lui parut assez alarmante. Mais il se rassura en jetant un coup d'œil au préhistorien, qui sortait une truelle de sa poche arrière et polissait l'outil des doigts. Des gars comme ça ne couraient pas les rues.

Dans les bois éternels

ARNALDUR INDRIÐASON

Bas les pattes !

Rendu célèbre par la série du taciturne et mélancolique commissaire Erlendur Sveinsson, le romancier islandais Arnaldur Indriðason (né en 1961), historien de formation, n'a de cesse d'explorer la réalité et les mentalités d'un pays entré dans la modernité avec la Seconde Guerre mondiale, scrutant tout autant son passé que ses changements économiques radicaux et ses brutales mutations sociales. Dans La Femme en vert, *la découverte d'ossements humains pousse son enquêteur fétiche à privilégier les compétences d'un archéologue : fouiller une sépulture en protégeant traces et indices requiert un véritable savoir-faire.*

Un homme vêtu d'un pull islandais et d'un jean, grand, barbe hirsute, bouche démesurée avec deux grandes défenses jaunâtres apparaissant sous sa barbe grisonnante, s'avança vers eux et annonça qu'il était archéologue. Il regarda ce que faisaient les hommes de la Scientifique et, sans ambages, leur intima l'ordre d'arrêter leurs idioties. Les deux hommes avec les petites pelles hésitèrent. Ils étaient vêtus de combinaisons blanches, portaient des gants en latex et avaient mis des lunettes de protection. Erlendur se fit la réflexion qu'ils auraient pu travailler dans une centrale nucléaire. Ils lui lancèrent un regard, attendant ses instructions.

— Il faut retirer la terre en commençant par la surface, nom de Dieu, protesta Grandes Défenses en agitant les mains. Vous croyez que vous allez le faire sortir avec ces pelles ? Qui dirige les opérations ?

Erlendur déclina son identité.

— Cela n'a rien d'une découverte archéologique, dit Grandes Défenses en lui serrant la main. Skarphédinn, enchanté, cependant, il est préférable d'agir comme si c'en était une. Vous comprenez ?

— Je ne vois franchement pas où vous voulez en venir, observa Erlendur.

— Il n'y a pas très longtemps que les ossements reposent dans la terre. Moins de soixante, soixante-dix ans, je dirais. Peut-être encore moins que ça. Et ils portent encore des lambeaux de vêtements.

— Du tissu ?

— Oui, regardez, ici, dit Skarphédinn en indiquant de son doigt grossier l'emplacement. Et probablement à d'autres endroits.

— Je croyais que c'était de la chair, répondit Erlendur d'un ton honteux.

— La chose la plus raisonnable à faire pour vous dans cette situation, afin de ne détruire aucun indice, ce serait de laisser mon équipe l'exhumer en employant nos méthodes. Les policiers de la Scientifique peuvent nous assister. Nous devons délimiter le périmètre à la surface et creuser à partir de ce point pour atteindre le squelette, il faut arrêter de tripatouiller comme ça dans la paroi. Nous n'avons pas l'habitude de perdre des indices. Rien que la disposition des os peut nous fournir un grand nombre de renseignements. Et ce que nous trouverons autour pourra nous apporter un faisceau d'indices.

— Que croyez-vous qu'il soit arrivé ? demanda Erlendur.

— Je n'en sais rien, répondit Skarphédinn. Il est trop tôt pour avancer la moindre hypothèse. Nous devons d'abord exhumer tout ça et ensuite, espérons qu'il en sortira quelque chose d'utile.

— Pourrait-il s'agir de quelqu'un qui se serait perdu ? Et qui serait mort de froid et se serait enfoncé dans la terre ?

— Aucun corps ne peut s'enfoncer aussi profondément lui-même dans le sol, expliqua Skarphédinn.

— Il s'agit donc d'une tombe.

— Je crois bien, oui, répondit Skarphédinn d'un ton solennel. Ça m'en a tout l'air. Donc, nous sommes d'accord, c'est nous qui l'exhumons.

Erlendur hocha la tête.

Skarphédinn se dirigea à grands pas vers les échelles et sortit des fondations. Erlendur le talonnait. Les deux hommes se tenaient maintenant au-dessus du squelette et l'archéologue expliquait à Erlendur la meilleure méthode pour l'exhumer. L'homme autant que ses propos plaisaient à Erlendur et bientôt Skarphédinn se trouva pendu à son portable pour appeler son équipe. Il avait participé à quelques-uns des chantiers de fouilles les plus importants au cours des dernières décennies et connaissait son affaire. Erlendur lui accordait son entière confiance.

Il en allait tout autrement du chef de la police scientifique. L'idée que l'exhumation soit confiée à une équipe d'archéologues qui ne connaissaient rien aux enquêtes criminelles l'avait mis dans une colère noire. Il aurait été bien plus rapide de retirer le squelette directement depuis la paroi des fondations, solution qui aurait également offert suffisamment d'espace pour observer la disposition des os et repérer de possibles traces de violence. Erlendur écouta son discours quelques instants puis trancha en déclarant que ce seraient Skarphédinn et son équipe qui creuseraient depuis la surface pour atteindre les ossements, même si cela devait prendre plus de temps.

— Il y a au moins un demi-siècle que ces os sont enterrés ici, quelques jours de plus ou de moins ne changeront pas grand-chose, dit-il; la question était close.

La Femme en vert,
traduit de l'islandais par Éric Boury

STRATE 3 : DÉLIRES ET RÊVES

PROSPER MÉRIMÉE

La figure de cette idole ne me revient pas

Dans la nouvelle La Vénus d'Ille, *Prosper Mérimée (1803-1870) mêle surnaturel et archéologie. Participant à une partie de jeu de paume, un homme sur le point de se marier, gêné par sa bague, l'accroche imprudemment à l'annulaire d'une statue de bronze récemment excavée et l'y oublie : l'union maritale est scellée avec un autre anneau. La nuit des noces, le narrateur entend des bruits, les attribue au couple et se rendort. Un cri le réveille au matin : il découvre le corps inerte du jeune homme, voit la bague au pied du lit et des empreintes menant directement à la statue. Affirmant que cette dernière est à l'origine du meurtre, la jeune veuve, hystérique, est déclarée folle.*

J'étais recommandé à M. de Peyrehorade par mon ami M. de P. C'était, m'avait-il dit, un antiquaire fort instruit et d'une complaisance à toute épreuve. Il se ferait un plaisir de me montrer toutes les ruines à dix lieux à la ronde. Or, je comptais sur lui pour visiter les environs d'Ille, que je savais riches en monuments antiques et du Moyen âge. Ce mariage, dont on me parlait alors pour la première fois, dérangeait tous mes plans.

Je vais être un trouble-fête, me dis-je. Mais j'étais attendu ; annoncé par M. de P., il fallait bien me présenter.

— Gageons, monsieur, me dit mon guide, comme

nous étions déjà dans la plaine, gageons un cigare que je devine ce que vous allez faire chez M. de Peyrehorade ?

— Mais, répondis-je en lui tendant un cigare, cela n'est pas bien difficile à deviner. A l'heure qu'il est, quand on a fait six lieues dans le Canigou, la grande affaire, c'est de souper.

— Oui, mais demain ?... Tenez, je parierais que vous venez à Ille pour voir l'idole ? j'ai deviné cela à vous voir tirer en portrait les saints de Serraboua.

— L'idole ? quelle idole ? Ce mot avait excité ma curiosité.

— Comment ! on ne vous a pas conté, à Perpignan, comment M. de Peyrehorade avait trouvé une idole en terre ?

— Vous voulez dire une statue en terre cuite, en argile ?

— Non pas. Oui, bien en cuivre, et il en a de quoi faire des gros sous. Elle vous pèse autant qu'une cloche d'église. C'est bien avant dans la terre, au pied d'un olivier, que nous l'avons eue.

— Vous étiez donc présent à la découverte ?

— Oui, monsieur. M. de Peyrehorade nous dit, il y a quinze jours, à Jean Coll et à moi, de déraciner un vieil olivier qui était gelé de l'année dernière, car elle a été bien mauvaise, comme vous savez. Voilà donc qu'en travaillant, Jean Coll, qui y allait de tout cœur, donne un coup de pioche, et j'entends bimm... comme s'il avait tapé sur une cloche. Qu'est-ce que c'est ? que je dis. Nous piochons toujours, nous piochons, et voilà qu'il paraît une main noire, qui semblait la main d'un mort qui sortait de terre. Moi, la peur me prend. Je m'en vais à monsieur, et je lui dis : — Des morts, notre maître, qui sont sous l'olivier ! Faut appeler le curé. — Quels morts ? qu'il me dit. Il vient, et il n'a pas plus tôt vu la main qu'il s'écrie : — Un antique ! un antique ! — Vous auriez cru qu'il avait trouvé un trésor. Et le voilà, avec la pioche, avec les mains, qui se démène et qui faisait quasiment autant d'ouvrage que nous deux.

— Et enfin que trouvâtes-vous ?

— Une grande femme noire plus qu'à moitié nue, révérence parler, monsieur, tout en cuivre, et M. de Peyrehorade nous a dit que c'était une idole du temps des païens… du temps de Charlemagne, quoi !

— Je vois ce que c'est… Quelque bonne Vierge en bronze d'un couvent détruit.

— Une bonne Vierge ! ah bien oui !… Je l'aurais bien reconnue, si ç'avait été une bonne Vierge. C'est une idole, vous dis-je : on le voit bien à son air. Elle vous fixe avec ses grands yeux blancs… On dirait qu'elle vous dévisage. On baisse les yeux, oui, en la regardant.

— Des yeux blancs ? Sans doute ils sont incrustés dans le bronze. Ce sera peut-être quelque statue romaine.

— Romaine ! c'est cela. M. de Peyrehorade dit que c'est une Romaine. Ah ! je vois bien que vous êtes un savant comme lui.

— Est-elle entière, bien conservée ?

— Oh ! monsieur, il ne lui manque rien. C'est encore plus beau et mieux fini que le buste de Louis-Philippe, qui est à la mairie, en plâtre peint. Mais avec tout cela, la figure de cette idole ne me revient pas. Elle a l'air méchante… et elle l'est aussi.

La Vénus d'Ille
1837

THÉOPHILE GAUTIER

Une larme en retard de deux mille ans

Hanté par le sein moulé d'une Pompéienne décédée dans l'éruption du Vésuve qu'il a découvert au Musée des Studii, désormais absent au réel, Octavien rêve d'amour dans un autre temps tout en parcourant la ville morte, ressuscitant le quotidien d'avant la catastrophe, « repeuplant ces demeures d'où les habitants semblent être sortis la veille » au fil de son aventure intérieure. « Fantasmagorie rétrospective », méditation philosophique, la nouvelle archéologique Arria Marcella *occupe une place privilégiée dans le corpus des récits fantastiques.*

La ville ressuscitée ayant secoué un coin de son linceul de cendre, ressortait avec ses mille détails sous un jour aveuglant. Le Vésuve découpait dans le fond son cône sillonné de stries de laves bleues, roses, violettes, mordorées par le soleil. Un léger brouillard presque imperceptible dans la lumière, encapuchonnait la crête écimée de la montagne ; au premier abord, on eût pu le prendre pour un de ces nuages qui, même par les temps les plus sereins, estompent le front des pics élevés. En y regardant de plus près, on voyait de minces filets de vapeur blanche sortir du haut du mont comme des trous d'une cassolette, et se réunir ensuite en vapeur légère. Le volcan, d'humeur débonnaire ce jour-là, fumait tout tranquillement sa pipe, et sans l'exemple de Pompeï ensevelie à ses pieds, on ne l'aurait pas cru d'un caractère plus féroce que Montmartre ; de l'autre côté, de belles collines aux lignes ondulées et voluptueuses comme des hanches de femme, arrêtaient l'horizon ; et plus loin la mer, qui autrefois apportait les birèmes et les trirèmes sous les remparts de la ville, tirait sa placide barre d'azur.

L'aspect de Pompeï est des plus surprenants ; ce brusque saut de dix-neuf siècles en arrière étonne même les natures les plus prosaïques et les moins compréhensives ; deux pas vous mènent de la vie antique à la vie moderne, et du christianisme au paganisme ; aussi, lorsque les trois amis virent ces rues où les formes d'une existence évanouie sont conservées intactes, éprouvèrent-ils, quelque préparés qu'ils y fussent par les livres et les dessins, une impression aussi étrange que profonde. Octavien surtout semblait frappé de stupeur et suivait machinalement le guide d'un pas de somnambule, sans écouter la nomenclature monotone et apprise par cœur que ce faquin débitait comme une leçon.

Il regardait d'un œil effaré ces ornières de char creusées dans le pavage cyclopéen des rues et qui paraissent dater d'hier tant l'empreinte en est fraîche ; ces inscriptions tracées en lettres rouges, d'un pinceau cursif, sur les parois des murailles : affiches de spectacles, demandes de location, formules votives, enseignes, annonces de toutes sortes, curieuses comme le serait dans deux mille ans, pour les peuples inconnus de l'avenir, un pan de mur de Paris retrouvé avec ses affiches et ses placards ; ces maisons aux toits effondrés laissant pénétrer d'un coup d'œil tous ces mystères d'intérieur, tous ces détails domestiques que négligent les historiens et dont les civilisations emportent le secret avec elles ; ces fontaines à peine taries, ce forum surpris au milieu d'une réparation par la catastrophe, et dont les colonnes, les architraves toutes taillées, toutes sculptées, attendent dans leur pureté d'arête qu'on les mette en place ; ces temples voués à des dieux passés à l'état mythologique et qui alors n'avaient pas un athée ; ces boutiques où ne manque que le marchand ; ces cabarets où se voit encore sur le marbre la tache circulaire laissée par la tasse des buveurs ; cette caserne aux colonnes peintes d'ocre et de minium que les soldats ont égratignée de caricatures de combattants, et ces doubles théâtres de drame et de chant juxtaposés, qui pourraient reprendre leurs représentations, si la troupe qui les desservait, réduite à l'état d'argile, n'était pas occupée, peut-être, à luter le bondon d'un tonneau de bière ou à boucher une fente de mur, comme la poussière d'Alexandre et de César, selon la mélancolique réflexion d'Hamlet.

[...]

« C'est ici », dit le cicerone de sa voix nonchalante, dont le ton s'accordait à peine avec le sens des paroles, « que l'on trouva, parmi dix-sept squelettes, celui de la dame dont l'empreinte se voit au musée de Naples. Elle avait des anneaux d'or, et les lambeaux de sa fine tunique adhéraient encore aux cendres tassées qui ont gardé sa forme. »

Les phrases banales du guide causèrent une vive émotion à Octavien. Il se fit montrer l'endroit exact où ces restes précieux avaient été découverts, et s'il n'eût été contenu par la présence de ses amis, il se serait livré à quelque lyrisme extravagant ; sa poitrine se gonflait, ses yeux se trempaient de furtives moiteurs : cette catastrophe, effacée par vingt siècles d'oubli, le touchait comme un malheur tout récent ; la mort d'une maîtresse ou d'un ami ne l'eût pas affligé davantage, et une larme en retard de deux mille ans tomba, pendant que Max et Fabio avaient le dos tourné, sur la place où cette femme, pour laquelle il se sentait pris d'un amour rétrospectif, avait péri étouffée par la cendre chaude du volcan.

Arria Marcella
1852

MAURICE SAND

Terreur muette

Fils de George Sand, écrivain, dessinateur, peintre et illustrateur, Jean François Maurice Dudevant, dit *Maurice Sand (1823-1889) livra avec* Callirhoé *un roman fantastique envoûtant – dans lequel le héros, féru d'archéologie, exhume une statue tout aussi belle qu'énigmatique et se retrouve plongé à l'époque gauloise…*

Un couloir très-incliné, large de deux mètres et formé par deux murs latéraux, me conduit à un escalier qui descend rapidement à plusieurs mètres au-dessous du sol, et à l'entrée d'un petit vestibule rond, dont le plafond est décoré de caissons ménagés dans le tuf. Une porte qui n'existe plus, mais dont les poutres sont encore engagées debout dans la maçonnerie, donne accès dans une salle de six mètres carrés. La chaleur y est étouffante, mais je continue mon exploration. Les murailles sont enduites d'un stuc sur lequel des fresques représentent les ornements d'une corniche. Les lambris et les panneaux sont décorés de personnages d'un brun rougeâtre sur fond clair ; leur dessin grossier et leurs formes ramassées me rappellent ceux des vases réputés d'origine phénicienne. Cet hypogée est recouvert de larges dalles qui forment un plafond plat, divisé en quatre caissons sculptés. Du centre pend un fragment de chaîne qui soutenait jadis une lampe ; elle gît au-dessous dans une épaisse couche de poussière grise. Près de la porte, un siège en pierre et une niche contenant un vase en terre rouge dite poterie d'Arezzo, à reliefs fins et délicats, ainsi que des parcelles de métal, vestiges d'étoffes précieuses. Le terrain forme un exhaussement remarquable au milieu de l'hypogée ; c'est là qu'avaient dû être les urnes funéraires ou le sarcophage. Je buttai contre un trépied qui tomba avec un bruit sourd. Ce bruit me fit tressaillir. J'allais peut-être réveiller l'hôte de cette demeure silencieuse.

La bougie que je portais ne suffisant pas, j'en allumai plusieurs et je dénouais la corde qui me ceignait les reins. J'explorai à mon aise ce singulier et intéressant réduit : j'y trouvai deux statuettes en terre cuite, une chimère et un sphinx ailé ; deux amphores à pieds en pâte noire, ornées de sujets en relief ; une épée en acier, à lame droite et à poignée de corail ; un coffre elliptique en bronze, appelé ciste, aux parois ornementées de dessins gravés à la pointe. Ayant soulevé le couvercle de cette antique corbeille de noces, j'y vis un collier d'or et d'émeraudes, une figurine en ambre jaune, un miroir et une strigille d'argent, une coupe en malachite richement montée, des bracelets, un pectoral et une couronne nuptiale en or, avec bagues, pendants d'oreilles, fibules et longues épingles pour la coiffure. A côté de ces richesses, des fragments de planches vermoulues, incrustées d'ivoire et d'argent, me firent penser que c'était là les débris du sarcophage, dont je ne voyais aucune autre trace.

Je voulais reparaître chargé de mes conquêtes, et je bourrai mes poches de bijoux pour les offrir bien vite à Marguerite. Je ne me sentais pas de joie en puisant dans ce véritable trésor, et pourtant j'étais honteux de mon action : il me semblait voler quelqu'un. Et puis c'était comme un songe de pénétrer le premier et de me trouver seul dans ce sanctuaire, dont la poussière n'avait été foulée par aucun pied humain depuis plus de vingt siècles. Peu à peu une tristesse affreuse et de véritables remords s'emparèrent de moi. Violer cet asile de mort et fouler peut-être les ossements de ceux qui dormaient là dans l'éternité… cela me parut si mal, que je fus tenté de m'enfuir.

[…]

J'en étais arrivé à penser tout haut :

— Mais où est-elle, cette belle morte, la grand'-fade ?

J'achevais à peine ma question, que le terrain s'affaissa sous mes pieds ; une longue planche se brisa et faisant entendre un craquement lugubre, un de ses bouts se dressa devant moi par je ne sais quel mouvement de bascule, et je roulai dans la poussière qui remplissait un trou peu profond ; mais, en me relevant, je vis une forme blanche, immobile, devant moi. Je ne puis me rendre compte de ce que j'éprouvai. Ce fut une terreur muette, irréfléchie, insensée. Je courais vers la porte sans pouvoir la trouver, et je revenais sans cesse vers cette apparition, qui semblait se mouvoir à la lueur vacillante des bougies.

— La morte ! me disais-je comme hébété, c'est la morte ! la voici !

Je fermai les yeux pour ne plus la voir, je rappelai ma raison, qui semblait vouloir me quitter, et je résolus de braver l'apparition en marchant courageusement à elle. O puérilité de mon imagination ! l'objet probablement couché dans la poussière, et que le mouvement de bascule de la planche avait redressé au moment de ma chute, était une statue de grandeur naturelle, enveloppée de la tête aux pieds dans une longue draperie de marbre. Sans l'examiner autrement, je résolus de l'emporter comme gage de ma conquête et comme le plus curieux objet de ma découverte ; mais tous mes efforts furent inutiles ; je pus à peine la soulever.

Callirhoé
1864

WILHELM JENSEN

Un funambule entre deux mondes

Captivé par un bas-relief représentant une jeune fille marchant d'une façon particulière, le jeune archéologue Norbert Hanold décrète qu'elle a vécu à Pompéi et y a été ensevelie en l'an 79. Une fois sur place, seul être vivant dans le silence des ruines, il la voit se mouvoir et disparaître : Gradiva ressuscitée vient d'entrer dans la maison qu'elle a habité avant de mourir. Dans Délire et rêves dans la "Gradiva" de Jensen, *Sigmund Freud (1856-1939) passa l'œuvre de Wilhelm Jensen (1837-1911) et son personnage au crible de l'interprétation psychanalytique : « Une telle séparation de l'imagination d'avec la pensée raisonnante le destinait à devenir poète ou névropathe ; il était de ces êtres dont le royaume n'est pas de ce monde. »*

Dès sa première enfance, nul ne doutait, dans la maison de ses parents qu'en tant que fils unique d'un professeur d'université qui avait fait des découvertes touchant l'antiquité, il ne fût destiné à conserver et si possible à augmenter le lustre du nom de son père en suivant la même voie, et cette succession dans ce métier lui était apparue comme la tâche évidente incombant à son avenir. Resté seul, après la mort de ses parents, il s'était fidèlement tenu à cette idée ; il avait fait l'obligatoire voyage en Italie après avoir passé d'excellents examens de philologie et y avait abondamment contemplé les originaux des chefs-d'œuvre de la sculpture antique, dont il n'avait vu jusqu'ici que des reproductions. Il ne pouvait rencontrer nulle part ailleurs quelque chose de plus instructif que les collections de Rome, de Naples et de Florence, et il pouvait se féliciter d'avoir utilisé le temps de son séjour au plus grand profit de sa science. Il était revenu dans sa patrie tout à fait satisfait, pour se plonger dans ses études avec son nouvel acquis. Il ne lui venait que vaguement à l'esprit qu'en dehors des objets témoins d'un lointain passé, il pût exister aussi un présent autour de lui. Le marbre et le bronze n'étaient pas pour lui des matériaux morts, mais la seule chose vraiment vivante, celle qui exprimait la valeur et la raison d'être de l'existence humaine. Il se tenait ainsi entre ses murs couverts de livres et de tableaux, sans besoin d'aucune relation avec les autres hommes et les évitant au contraire, comme constituant une pure perte de temps, se résignant quelquefois tout au plus, contre sa volonté, à l'inévitable corvée de quelques obligations mondaines auxquelles le contraignaient les anciennes relations de sa famille. Mais on savait qu'il fréquentait ces sortes de réunions sans voir et sans entendre ce qui l'entourait, qu'il partait toujours sous quelque prétexte aussitôt après le déjeuner ou le dîner, si cela lui était possible, et qu'il ne saluait jamais dans la rue une personne avec laquelle il s'était trouvé à une même table. Tout cela ne le faisait pas voir sous un jour très favorable, surtout par les jeunes femmes, car s'il venait à rencontrer l'une d'elles, même s'il lui avait par exception dit quelques mots, il la regardait comme une étrange figure inconnue et ne la saluait pas.

L'archéologie étant peut-être elle-même une science

assez bizarre, son alliance avec l'attitude de Norbert Hanold avait produit un curieux mélange et ne lui avait pas procuré grande sympathie de la part des autres, ce qui ne l'avait pas aidé à jouir de l'existence, chose que pourtant la jeunesse a l'habitude de rechercher. Mais, par une sorte de bienveillante attention, la nature lui avait mis dans le sang, comme un dédommagement et comme, en quelque sorte, un correctif d'un genre tout à fait opposé à la science, une imagination très vivante, et qui s'exprimait chez lui non seulement en rêve, mais aussi souvent à l'état de veille, ce qui, en réalité, ne prédestinait pas particulièrement son esprit à une grave et sévère méthode de méditation.

Gradiva,
traduit de l'allemand par E. Zak et Georges Sadoul
recueilli dans Sigmund Freud, *Délire et rêves dans la « Gradiva » de Jensen*

ANDRÉ PIEYRE DE MANDIARGUES

Le fond de la mer effraie

Dans la nouvelle L'Archéologue, *le poète, romancier, auteur dramatique et essayiste André Pieyre de Mandiargues (1909-1991), fidèle au caractère insolite de son univers, fait plonger son protagoniste obsédé par les statues dans une mer intérieure où il va affronter les profondeurs de son inconscient.*

Quoique le temps peu probablement soit le même en une rêverie de la sorte que dans l'état de veille, il semble à Conrad Mur avoir parcouru une très longue distance depuis qu'il s'est mis en marche; pourtant la nature ignoble du fond persiste sans changement appréciable, et Conrad sent la fatigue l'envahir, et Conrad est bien prêt de renoncer à son entreprise, de jeter tout son lest et, comme un bouchon, de remonter à l'air libre, lorsqu'il aperçoit non loin de lui une silhouette massive et sombre qui est ainsi que d'une guérite noyée dans le brouillard. Quelques pas suffisent à le porter devant l'unique objet appelé à rompre des divagations aussi moroses que celles d'un moine de la steppe. Et alors surgit une grande statue de femme qui dresse en face de lui sa nudité très lourde, sculptée dans un marbre vert tout près d'être noir, éclairée par deux prunelles d'or, sur des globes d'émail blanc, dans de larges orbites, sous un front bas, au-dessus d'un nez trapu, d'une bouche épaisse et d'un menton puissant et court ainsi qu'il s'en rencontre à de certaines créatures d'Orient parmi les plus bestiales. Le visage de celle-là se trouve à la hauteur des yeux de Conrad Mur, mais c'est parce qu'elle est agenouillée, ou du moins il le paraît, sur le sol pélagique. A mieux y regarder, si les rognons marins tourbillonnent en frôlant le creux poplité, les jambes sont enfouies verticalement dans la masse de ces vilains corps blanchâtres qui ont tant rebuté Conrad Mur après son plongeon ; on peut les écarter, d'ailleurs, pour arriver jusqu'aux pieds qui reposent sur un socle de bronze, mais on ne peut aller plus loin ni voir sur quoi repose ce socle à son tour.

Du varech a poussé sur les cuisses de la déesse (car ce fut évidemment la redoutée souveraine d'un collège de prêtres et de sacrificateurs, l'hôte d'un sanctuaire vénéré qui a disparu, et Conrad Mur n'est pas pour rien chargé de mission archéologique par les musées de son pays, qui reconnaît tout de suite une figure de la grande Vénus mérétrice), comme une toison qui alourdit ses formes et rend son expression plus bestiale encore ; à partir des hanches, le varech fait place à des filaments gras et roux comme des sangsues mais qui sont une variété d'algue, et qui s'éclaircissent, et qui s'amenuisent toujours plus jusqu'à laisser un peu velue la base des seins ; ceux-ci (deux boulets projetés en avant par le ressort de la croupe) sont de marbre nu, sauf un petit nombre de coquillages coniques, appliqués durement sur le poli, qui ont l'aspect repoussant des kystes ou des ulcères calcifiés. L'œil, en revanche, s'arrête volontiers sur des rainures dont le ciseau a tracé les nattes des cheveux, rainures au creux desquelles se sont fixés maints rameaux de corail qui font au sombre visage un diadème de cornes menues, vivantes, et d'un rouge pulpeux comme de la chair de cerise. La lumière, filtrée par plusieurs mètres d'eau, n'est pas sans évoquer celle qui des verrières tombe avec de glauques reflets sur le pavé des galeries et sur les statues qui souvent le jalonnent : raison pourquoi Conrad ne sent nul malaise, au premier abord.

Dans le vide, un bras s'arrondit, tel que pour étreindre un voluptueux partenaire; l'autre incline une main qui d'un geste racoleur montre le bas-ventre, et à l'index de cette main brille un anneau qui suffit, dès que va s'y poser le regard de Conrad Mur, à changer en trouble, puis en effroi véritable, l'intérêt quelque peu professionnel excité chez le jeune savant par la figure sous-marine. Car cet anneau est le double exact, seulement agrandi à l'échelle de la statue, d'une bague que lui-même a donnée à sa fiancée — bague d'un goût assez confiseur et qui porte en relief d'améthyste une tête de chat sur un cœur céladon.

Comment au doigt de la sombre déesse cet anneau peut-il être, qui manifestement a vingt siècles de moins qu'elle, et qui tient du style edelweiss, hanneton et crème fouettée à la mode de la Bavière et du Tyrol ? Et comment (surtout) se peut-il que l'anneau soit précisément celui de Bettina ? Conrad Mur est superstitieux en dépit de son métier d'archéologue (si ce n'est, au contraire, à cause de celui-là); il croit aux présages et aux signes à peine un peu moins que l'un de ces hommes d'Étrurie ou de la Rome antique qui sont les familiers de ses jours et de ses nuits; mais il recherche l'étrange avec une sorte de frénésie qui l'a conduit, déjà, en bien des lieux où ses collègues se fussent étonnés (scandalisés peut-être) de la voir. Aussi, passé le premier moment de stupeur, il n'hésite plus à se courber sous le bras et sous les seins pour examiner de tout près la bague inquiétante.

C'est alors un autre sujet d'admirer ou de craindre, si l'anneau, que par les sécrétions marines il imaginait indéfectiblement scellé à la pierre, dès la première sollicitation quitte le doigt de la grande putain et comme un fruit mûr vient choir au creux de sa paume. Il l'y fait tourner, sauter, retourner. Nul doute. Deux ou trois fois plus petit, on le prendrait pour celui que Bettina n'enlève ni au bain ni au lit, et qui doit, en cette minute même, avec ses ongles longs et les os de sa main amaigrie racler contre des draps moites, dans une chambre toute close, à l'hôtel d'Amalfi. Tel qu'il est là, nulle mortelle ne le porterait qu'un monstre de foire, une géante obèse, ou bien une naine qui pourrait s'en faire un bracelet. Mais Conrad Mur le passe à son doigt, d'un geste irréfléchi qu'aussitôt il regrette, avant de le remettre à celui de la statue qui fixement regarde on ne sait quoi, par-dessus lui, de ses grands yeux d'émail.

Et puis il se débarrasse de tout poids mort, il se fait léger comme un nageur nu et, d'un coup de pied donné au fond pour prendre son élan, il remonte en flèche à la surface de la mer et sur le banc de lave que son corps pas un instant n'a quitté.

Soleil des loups

« Le goût de »

Géographie

Le goût de l'Abyssinie
Le goût de l'Afghanistan
Le goût de l'Afrique
Le goût d'Alexandrie
Le goût d'Alger
Le goût d'Amsterdam
Le goût de l'Anjou
Le goût d'Antibes
Le goût de l'Asie
Le goût d'Athènes
Le goût de l'Australie
Le goût de Bali
Le goût de Barcelone
Le goût de Belgrade
Le goût de Berlin
Le goût de Beyrouth
Le goût de la Birmanie
Le goût de Bombay
Le goût de Bordeaux
Le goût du Brésil
Le goût de la Bretagne
Le goût de Bruxelles
Le goût de Bucarest
Le goût de Budapest
Le goût de Buenos Aires
Le goût du Cambodge
Le goût du Canada
Le goût de Cannes
Le goût de Capri et autres îles italiennes
Le goût de Chicago
Le goût de la Chine
Le goût des cités impériales du Maroc
Le goût de la Corse
Le goût de la Crète
Le goût de la Croatie
Le goût de Cuba
Le goût de Deauville
Le goût de Dublin
Le goût de l'Égypte
Le goût de l'Engadine
Le goût de l'Europe
Le goût de Florence
Le goût de la France
Le goût de Genève
Le goût de la Grande-Bretagne
Le goût du Grand Nord

Le goût de la Grèce
Le goût de Grenade
Le goût de la Guadeloupe
Le goût d'Haïti
Le goût de la Haute-Provence
Le goût du Havre
Le goût de l'île Maurice
Le goût des îles Baléares
Le goût des îles grecques
Le goût de l'Inde
Le goût des villes de l'Inde
Le goût de l'Iran
Le goût d'Istanbul
Le goût du Japon
Le goût de Jérusalem
Le goût de Kyoto
Le goût de La Havane
Le goût des lacs italiens
Le goût du Liban
Le goût de Lille
Le goût de Lisbonne
Le goût de la Loire
Le goût de Londres
Le goût de Los Angeles
Le goût de Lourdes
Le goût de Lyon
Le goût de Madrid
Le goût de Marrakech
Le goût de Marseille
Le goût de la Martinique
Le goût de la Méditerranée
Le goût de Mexico
Le goût du Mexique
Le goût du mont Blanc
Le goût de Montpellier
Le goût de Montréal
Le goût du Mont-Saint-Michel
Le goût de Moscou
Le goût de Nancy
Le goût de Nantes
Le goût de Naples
Le goût du Népal
Le goût de New York
Le goût de Nice
Le goût de la Normandie
Le goût d'Odessa
Le goût de l'Orient
Le goût de Palerme
Le goût de Paris
Le goût du Paris insolite
Le goût du Pays basque
Le goût de Pékin
Le goût du Périgord
Le goût du Portugal
Le goût de Prague
Le goût de la Provence
Le goût du Rhin
Le goût de Rio
Le goût de Rome
Le goût de la Russie
Le goût de Saint-Jacques-de-Compostelle
Le goût de Saint-Pétersbourg
Le goût de Salzbourg
Le goût de San Francisco
Le goût de la Seine
Le goût du Sénégal

Le goût de Séville
Le goût de Shanghai
Le goût de la Sicile
Le goût de Strasbourg
Le goût de la Suisse
Le goût de Tahiti
Le goût de Tanger
Le goût de la Thaïlande
Le goût du Tibet
Le goût de Tokyo
Le goût de la Toscane
Le goût de Toulouse
Le goût de Tours
Le goût de Trieste
Le goût de Tunis
Le goût de Turin
Le goût de la Turquie
Le goût de Venise
Le goût de Versailles
Le goût de Vienne
Le goût du Vietnam

Thématiques

Le chant des villes
Le (dé)goût de la laideur
Le goût de l'absolu
Le goût de l'adieu
Le goût de l'amitié
Le goût de l'amour
Le goût de l'amour homo
Le goût des amours à Paris
Le goût des animaux
Le goût des arbres
Le goût de l'architecture
Le goût de l'argent
Le goût de l'automne
Le goût de l'automobile
Le goût du baiser
Le goût de la beauté
Le goût des bibliothèques
Le goût de la bière
Le goût du bijou
Le goût du blanc
Le goût du bleu
Le goût du bonheur
Le goût du bouddhisme
Le goût de la boxe
Le goût du café
Le goût des cafés
Le goût de la campagne
Le goût des cathédrales
Le goût du champagne
Le goût des champignons
Le goût de la chanson
Le goût des châteaux
Le goût des chats
Le goût du cheval
Le goût des chiens
Le goût du chocolat
Le goût du christianisme
Le goût du ciel
Le goût du cinéma
Le goût du cirque
Le goût des cochons
Le goût des contes
Le goût du corps

Le goût de courir
Le goût de la cuisine
Le goût de la danse
Le goût des déserts
Le goût des desserts
Le goût du dessin
Le goût de Dieu
Le goût des échecs
Le goût de l'école
Le goût de l'écriture
Le goût de l'enfance
Le goût de l'esprit français
Le goût de l'été
Le goût des faits divers
Le goût de la famille
Le goût du fantastique
Le goût du féminisme
Le goût des femmes
Le goût de la fête
Le goût des fleurs
Le goût du football
Le goût de la forêt
Le goût de la francophonie
Le goût des frères et sœurs
Le goût des fruits
Le gout de la gourmandise
Le dégoût de la guerre de 14-18
Le goût de l'habillement
Le goût des haïku
Le goût de l'histoire
Le goût de l'hiver
Le goût des hommes
Le goût de l'humour
Le goût de l'humour juif
Le goût des îles
Le goût de l'intime
Le goût des jardins
Le goût du jazz
Le goût du jeu
Le goût du judaïsme
Le goût de la lecture
Le goût de la lenteur
Le goût de la liberté
Le goût des livres
Le goût de la magie
Le goût de la maison
Le goût de la marche
Le goût du mariage
Le goût des mathématiques
Le goût de la médecine
Le goût de la mer
Le goût des mères
Le goût de la mode
Le goût de la montagne
Le goût des mots
Le goût des musées
Le goût de la musique
Le goût de la mythologie grecque
Le goût de la nage
Le goût de Noël
Le goût du noir
Le goût de la nostalgie
Le goût de la nuit
Le goût des objets
Le goût de l'opéra
Le goût de l'or

Personnages célèbres

Réalisation Pao : Dominique Guillaumin
Achevé d'imprimer
sur les presses de la Nouvelle Imprimerie Laballery
en avril 2025.
Imprimé en France.

Dépôt légal : avril 2025

N° d'imprimeur : 503437

649361